Knaur

Über den Autor:

Wayne Dosick, geboren 1947, ist Vater zweier erwachsener Söhne und Autor von »The Business Bible«. Er ist Professor für Ethik und Geschichte der Philosophie an der Universität San Diego.

Wayne Dosick

Kinder brauchen Werte

10 Lebensregeln,
die Kindern Halt und
Orientierung geben

Ein Ratgeber für
den Erziehungsalltag

Aus dem Englischen
von Susanne Dahmann

Knaur

Die englische Originalausgabe erschien unter dem Titel
»Golden Rules« bei Harper, San Francisco.

Vollständige Taschenbuchausgabe August 1998
Droemersche Verlagsanstalt Th. Knaur Nachf., München
Copyright © 1995 by Wayne Dosick
Copyright © 1996 der deutschsprachigen Ausgabe bei
Scherz Verlag, Bern, München, Wien
Umschlaggestaltung: Agentur Zero, München
Umschlagfoto: Tony Stone / Donna Day, München
Satz: Ventura Publisher im Verlag
Druck und Bindung: Elsnerdruck Berlin
Printed in Germany
ISBN 3-426-60792-1

2   4   5   3   1

»Ich ging nicht zum Meister,
um die Heilige Schrift zu erlernen,
sondern um ihm beim Binden
seiner Schuhe zuzuschauen.«

Chassidisches Sprichwort

Zur Erinnerung an
Alan,
der die Kindheit verlor
und wiedergewann

Inhalt

Vorwort

Als mein Sohn Julian zehn Jahre alt war, kam er eines Tages aus der Schule und fragte: »Mama, was heißt ›Stop Aids‹?« – »Wie kommst du darauf?« fragte ich nach, und er sagte: »Das seh' ich immer, wenn ich mit der Tram in die Schule fahre, das ist ein Plakat.« Aha. Nun war ich dran. Und ich merkte, während ich leicht verzweifelt nach einer klaren, nicht zu kurzen und nicht zu langen Antwort suchte, wieder einmal: Erziehen ist ganz schön schwer! Denn die kleine, harmlose Frage ließ sich nicht einfach mit dem Hinweis beantworten, daß Aids eine Krankheit ist. Das war naturgemäß nur die Erklärung Nummer eins. »Warum macht man für andere Krankheiten nicht dieselben Plakate?« Pause. Nachdenken meinerseits. Schritt Nummer zwei: Ich versuche, das Besondere dieser Krankheit zu erklären. Aber wie?

Auf der Suche nach den richtigen Worten wurde mir sehr schnell klar, daß ich hier Farbe bekennen mußte, daß meine Antwort meine eigenen Überzeugungen, meine Wertvorstellungen bloßlegen würde, daß das Erziehung im wahrsten Sinne des Wortes war: Vorbild, Prägung und Wunsch, wie mein Kind später einmal Welt und Menschen sehen sollte.

Jeder, der Kinder hat, kennt die Situation. Ausgezogen bis aufs Hemd, stehen wir plötzlich da. Und die Kinder sehen uns gespannt und erwartungsvoll an. Was haben wir ihnen zu sagen? Was mitzugeben auf dem langen Weg zum Erwachsensein, mit seinen Fragen, Verunsicherungen, Verletzungen?

Werte. Der Umgang mit Kindern stellt uns auf die Probe. Nach welchen Wertvorstellungen leben wir? Welche Werte verteidigen wir? Wofür setzen wir uns ein? Wogegen kämpfen wir? Als sie klein waren, haben wir ihnen Märchen vorgelesen. Das war einfach. Immer wieder die gleiche Geschichte wollten sie hören, und immer und immer wieder wurde schließlich das Gute belohnt und das Böse bestraft. Eine erste Werteerziehung, denn anhand der Märchen lernen die Kinder, Gut und Böse in der Welt und in sich selber zu unterscheiden. Kinder brauchen Märchen. Kinder brauchen Werte.

Aber was ist gut, und was ist böse? Wer hat in all den Konflikten um uns herum, ob es sich nun um Wirtschaftsfragen, politische Auseinandersetzungen, gesellschaftliche Probleme, Wissenschaftsdiskussionen handelt, recht? Angesichts einer überwältigenden Flut an Informationen aus allen Teilen der Welt und allen Bereichen des Lebens wissen wir das selbst weiß Gott nicht immer. Wir können uns praktisch alle Informationen beschaffen, aber wie sollen wir sie bewerten? Wieviel mehr brauchen die Kinder, die, wie wir selbst, dieser Medien- und Meinungsflut ausgesetzt sind, Verbindlichkeit, Halt, Sicherheit, Richtung! Eines ist sicher: Alle Vorurteile dieser Welt (übrigens auch unsere eigenen) werden uns im Laufe der Zeit von unseren Kindern aufgetischt werden, manchmal in bekömmlicher, manchmal in schwer verdaulicher Form. Zum Beispiel so: »Mama, in der Schule sagen sie, die

Anna [Anna hat eine braune Hautfarbe] ist aus Scheiße gemacht, deshalb ist sie braun.«

Dieses Vorurteil ist relativ leicht aus der Welt zu schaffen und zu kommentieren. Aber so einfach wird es uns nicht immer gemacht.

Was tun, wenn die Kinder berichten, daß sie oder andere Kinder auf dem Schulweg bedroht werden, Waffen im Schulhof auftauchen? Wenn unser eigenes Kind sich auf eine Weise verhält, die wir gar nicht schön und richtig finden? Wenn wir Lügen, ersten kleinen Betrügereien auf die Spur kommen? Kurz – wie, wenn wir sie denn haben, setzen wir unsere Wertvorstellungen im Alltag, hier und jetzt, jeden Tag aufs neue um?

Hier setzt Wayne Dosicks Buch ein. Und es leistet, finde ich, etwas ganz Großartiges und zugleich doch ganz und gar Simples: Es zeigt, daß die Erziehung zu Werten ganz früh und mit ganz kleinen Dingen beginnt, daß sie aus wirklich alltäglichen, einfachen, scheinbar selbstverständlichen Verhaltensweisen besteht, die wir alle bestens kennen, aber öfter mal vergessen. Dosick macht auf angenehm unterhaltsame Weise klar, daß wir uns diese Verhaltensweisen leicht wieder vergegenwärtigen und sie anwenden können. Und daß es zu einer solchen Erziehung der Aufmerksamkeit, Zuneigung und Nachdenklichkeit, aber keineswegs der Zauberei oder gräßlicher Anstrengung bedarf.

Dörthe Binkert

Einleitung

Auf uns kommt es an

Kinder brauchen moralische Werte. Und es gibt nur einen Weg, sie Kindern mitzugeben.

Neben der Schule, neben einem besonders beliebten Lehrer oder Trainer, neben anderen möglichen Vorbildern oder einem motivierten Pfarrer, Priester, Rabbi oder Imam sind es die Eltern, die ihren Kindern ein Wertesystem, einen Sinn für Moral und ethische Werte vermitteln.

Kinder brauchen moralische Werte, an denen sie ihr Leben ausrichten können. Sie müssen wissen, wie sie sich verhalten sollen und wie sie mit den täglichen Anforderungen fertig werden können. Sie müssen lernen, was es heißt und wie man zu handeln hat, wenn die eigenen Entscheidungen andere in Mitleidenschaft ziehen. Sie müssen den Unterschied zwischen richtig und falsch kennen. Und Sie – die Eltern – sind es, die durch Ihre Zuneigung Ihren Kindern diesen Weg erschließen.

Es ist noch nie eine einfache Aufgabe gewesen, Eltern zu sein, ist man doch mit dem Schutz und der Entwicklung eines menschlichen Lebens betraut. In der heutigen Zeit, die von einer ungeheuren Informationsflut und gewaltig anwachsendem Detailwissen in allen Wissensgebieten geprägt ist, ist die Verunsicherung besonders groß. Wir hören von Konflikten, Gewalt, Krieg nicht nur im eigenen Land, sondern überall auf der Welt. Wer hat in diesen Auseinandersetzungen recht? Inwieweit manipulieren die Medien unsere Meinung? Können wir uns selbst noch eine fundierte Meinung bilden? Woran orientieren wir Erwachsene uns, wo finden wir Halt?

Wo nehmen wir die ethischen Grundlagen und die Regeln moralischen Verhaltens her, um sie unseren Kindern weiterzuvermitteln? Aus den Kernlehren der großen Weltreligionen können wir die Grundregeln ethischen Verhaltens, die den Menschen ausmachen, ableiten:

Respekt, Ehrlichkeit, Fairneß, Verantwortungsbewußtsein, Anteilnahme, Großzügigkeit, Freundschaft, Friedfertigkeit und die Fähigkeit, an etwas zu glauben.

Dabei spielt es keine Rolle, ob wir selbst gläubig sind oder zu einer organisierten religiösen Gruppe gehören. Worauf es allein ankommt, ist, daß die spirituellen Traditionen der Welt, die ihre Wurzeln in altem Weisheitswissen haben, uns immer noch etwas zu sagen haben. Dort liegt ein tiefes und zeitüberdauerndes Wissen bereit, wie Leben menschengerecht gestaltet werden kann.

Kinder mit ethischen Werten zu erziehen bedeutet nicht, »brave« Kinder zu haben, die ihren Teller abspülen und ihr Zimmer aufräumen, wenngleich das natürlich wünschenswerte Verhaltensweisen sind. Es heißt vielmehr, daß Sie Ihren Töchtern und Söhnen helfen, Charakterstärke zu entwickeln, einen Sinn für Gerechtigkeit. Im Jiddischen ist das Wort »Mensch« der Begriff für den ursprünglichen, guten und humanen Menschen. Sie können Ihrer Tochter oder Ihrem Sohn helfen, ein solcher »Mensch« zu werden.

Die in diesem Buch beschriebenen Lebensregeln und Werte geben Ihren Kindern dazu eine Grundlage.

»Kinder brauchen Werte« ist darüber hinaus ein praktisches Handbuch, denn es enthält, in jedem Kapitel besonders hervorgehoben, fünfzig »Tips«. Diese Tips zeigen, wie Sie auf einfache Weise Ihren Kindern Werte vermitteln können. Es sind Anregungen, die Sie leicht in Ihren Alltag integrieren können.

Übrigens: Wie jede andere Kunstfertigkeit, so kann auch ein auf ein Wertesystem gegründetes Verhalten nur gelehrt werden, wenn der Lehrer fürsorglich und entschieden ist, deutlich und sanft zugleich!

Am Ende eines jeden Kapitels in diesem Buch steht eine Geschichte, die Sie Ihren Kindern vorlesen können. Tun Sie das häufiger – so wie man auch Märchen immer wieder erzählt –, dann wird sie in das Unterbewußtsein und das Gewissen Ihres Kindes einfließen und dort noch lange Zeit nachklingen. Außerdem enthält jedes Kapitel verschiedene Fragen, die Sie mit Ihren Kindern besprechen können. Eine für die kleineren von vier bis acht, eine für die Kinder von neun bis zwölf und eine für die Halbwüchsigen. Jede Frage wirft eine schwierige moralische Situation aus dem Alltag, aus dem wirklichen Leben auf. Was denken Ihre Kinder darüber, wie würden sie sich verhalten? Sie können diese Frage als Auslöser für weitere Diskussionen mit Ihren Kindern benutzen, denn das wird Ihnen Gelegenheit geben, Ihre eigenen Ansichten mit ihnen zu teilen. Dadurch geben Sie Ihren Kindern die Möglichkeit, Gedanken, Prinzipien und Werte in einem sicheren Raum zu entfalten, und Sie werden ihnen helfen, klar und bewußt eigene Entscheidungen zu treffen.

Einige persönliche Sätze

In diesem Buch werde ich immer wieder von meinen Söhnen Scott und Seth erzählen, und meistens werden sie dabei als recht gute Jungen erscheinen. Ich erzähle diese Geschichten aber nicht, weil meine Söhne, die inzwischen selbst erwachsen sind, besser gewesen wären als andere Kinder, sondern weil es einfach die Kinder sind, die ich am besten kenne.

Scott und Seth sind nicht meine leiblichen Kinder. Ich heiratete ihre Mutter, als die beiden vier und zwei Jahre alt waren. Aber wir wurden doch Vater und Söhne, durch Liebe und Leben und – zufällig – auch durch das Gesetz verbunden. Trotzdem waren wir alles andere als eine perfekte Familie. Als Rabbi, der viel Zeit mit der Erziehung der Kinder anderer Leute verbringt, muß ich mich immer wieder fragen, ob ich meinen eigenen genug Zeit und Energie widmete.

Es gab – sowohl auf seiten von uns Eltern als auch von den Kindern – die üblichen Frustrationen und Enttäuschungen, und wir hatten mehr als eine Konfrontation zwischen Vater und Sohn. Oft mußte ich traurig feststellen, daß meine Kinder die Werte ablehnten, die mir selbst so wichtig waren. Und es gab traumatische Erlebnisse. Ihre Mutter und ich sind nicht mehr verheiratet, und die beiden mußten die Streitgespräche und die Schmerzen einer scheiternden Ehe mit durchleben. Sie mußten lernen, daß ihre Eltern alles andere als vollkommen sind und daß das Leben keineswegs immer voll Sonnenschein ist.

Ich erzähle dies alles, um von Anfang an klarzumachen, daß ich selbst weder ein unbeteiligter Beobachter noch ein allwissender Fachmann bin. Ich bin ein Vater, der versucht hat, es so gut wie möglich zu machen, und ich habe aus meinen eigenen Fehlern genausoviel, wenn nicht mehr gelernt als aus meinen Erfolgen. Als Elternteil habe ich vor allem gelernt, daß Kinder an Wahrhaftigkeit glauben, Ehrlichkeit respektieren, Verletzlichkeit akzeptieren und zutiefst gefühlte Überzeugungen annehmen.

Inzwischen fliegen die Schmetterlinge frei umher, und ich kann nur immer wieder über ihre wunderbaren Farben staunen.

Mit dem ganzen Herzen

Vor nicht langer Zeit wurde ein Pädagoge gebeten, eine staatliche Institution beim Bau einer neuen Einrichtung für straffällige und verhaltensauffällige Kinder zu beraten. Er betrachtete die Baupläne und schrieb dann einen Bericht, der nachdrücklich riet, alle im ursprünglichen Plan vorgesehenen Einrichtungen aufzuwerten. Die Schlafräume und die Klassenzimmer sollten mit guten Bildern ausgestattet werden, die Sportanlagen sollten die besten Geräte haben, das Lehrprogramm sollte die neueste Technik zur Verfügung haben und mit den besten Materialien versorgt werden, das Personal sollte bestens ausgebildet und erfahren sein, und die Kantine sollte möglichst gutes Essen ausgeben. Der Pädagoge schloß seinen Bericht mit dem Satz: »Alle diese Kosten und die Arbeit, die in diese Anlage gesteckt werden, werden gerechtfertigt sein, wenn nur ein einziges Kind dadurch ins normale Leben zurückfindet.«

Der Direktor der staatlichen Institution dankte dem Gutachter, bemerkte aber: »Ich wünschte, wir könnten es uns leisten, alle Ihre Vorschläge in die Tat umzusetzen, aber dies ist ein öffentlich gefördertes Projekt, und unsere Mittel sind beschränkt. Aber sagen Sie, gehen Sie nicht ein wenig zu weit? Würden alle diese Kosten wirklich durch die Rettung eines einzigen Kindes gerechtfertigt?«

Der Pädagoge antwortete: »Wenn es mein Kind wäre – ja!«

Es sind Ihre Kinder, für die es sich lohnt, immer wieder als Lehrer und Vorbild zu dienen.

Ein Sprichwort sagt: »Es gibt nur zwei bleibende Dinge,

die wir unseren Kindern mitgeben können: Wurzeln und Flügel.«

Wurzeln und Flügel zu schenken ist eine Herausforderung, die uns viel abverlangt und gleichzeitig all unseren Bemühungen Sinn und Richtung verleiht. Wir erfüllen damit das schönste Versprechen, das wir unseren Kindern machen können. Die Kinder warten schon darauf, daß wir unser Versprechen einlösen. Fangen wir also damit an! Wie der alte Weise sagt: »Wann, wenn nicht jetzt?«

DIE ERSTE LEBENSREGEL
Respekt

Ein Ehepaar sitzt mit seiner sieben Jahre alten Tochter in einem Restaurant. Die Kellnerin nimmt zuerst die Bestellung der Erwachsenen auf und wendet sich dann dem kleinen Mädchen zu.

»Was möchtest du?« fragt sie.

Das kleine Mädchen schaut schüchtern zu seinen Eltern und antwortet dann:

»Ein Hot dog.«

»Nein, kein Hot dog«, sagt ihre Mutter. »Sie wird gebratenes Huhn nehmen.«

»Mit Kartoffelbrei und Gemüse«, fügt der Vater hinzu.

Die Kellnerin wendet ihren Blick nicht von dem kleinen Mädchen ab und fragt:

»Möchtest du Ketchup oder Senf auf deinem Hot dog?«

»Senf bitte«, antwortet das Mädchen.

»Kommt sofort«, sagt die Kellnerin und eilt in Richtung Küche.

Die Familie sitzt in erstarrtem Schweigen.

Schließlich schaut das kleine Mädchen seine Eltern an und sagt:

»Wißt ihr was? Sie glaubt, daß ich wer bin!«

Respekt beginnt damit, daß man den Wert eines jeden Wesens erkennen lernt.

In jedem Menschen ist ein Teil des Göttlichen, ein Bild des Ewigen. Dies zu wissen kann natürlich leicht dazu führen, überheblich zu sein. Aber es kann auch Mut und Vertrauen einflößen.

So lehrt eine alte Legende, daß jeder Mensch zwei Taschen braucht. In der einen befindet sich ein Stück Papier, auf dem steht: »Ich bin nur Staub und Asche.« In der anderen ist ein Zettel, auf dem steht: »Um meinetwillen wurde die Welt erschaffen.« Wer nun in Gefahr ist, zu stolz zu sein, der sollte das Papier aus der ersten Tasche zur Hand nehmen und lesen: »Ich bin nur Staub und Asche.« Wer aber entmutigt und niedergeschlagen ist, der sollte in die zweite Tasche greifen und lesen: »Um meinetwillen wurde die Welt erschaffen.«

Wir verbinden diese zwei Welten miteinander. Aus Staub wurden wir erschaffen, aber unser Atem ist göttlich.

Bemühen Sie sich, Ihrem Kind zu zeigen, wie einzigartig jeder Mensch und jedes Wesen ist.

In der Familie

Obwohl die Realität heute meist anders aussieht, schleppen viele Eltern immer noch das Phantasiebild einer »idealen« Familie mit sich herum.

Wie sieht sie denn aus, diese Idealfamilie, die wir meist nur auf dem Fernsehschirm zu Gesicht bekommen? Ein hart ar-

TIP NUMMER 1
FRÜHSTÜCKEN SIE ZUSAMMEN

Die Welt draußen ist rauh, auch für Ihre Kinder. Der Druck, erfolgreich zu sein, zwischenmenschliche Konflikte durchzustehen, der Wunsch, attraktiver oder beliebter oder beides zu sein, das sind nicht nur die Probleme von Erwachsenen, sie finden sich in jedem Klassenzimmer, auf jedem Sportplatz und Schulhof wieder.
Sicher gibt es morgens große Eile, wenn alle gleichzeitig fertig werden müssen und das Haus rechtzeitig verlassen wollen. Nehmen Sie sich dennoch die Zeit, fünf oder sieben Minuten mit Ihren Kindern am Frühstückstisch zu verbringen.
Reden Sie, und, was noch wichtiger ist: hören Sie zu.
Ihre Kinder werden dann wissen, daß sie Ihnen wichtig sind. Ihre Gegenwart und Aufmerksamkeit wird sie mit dem Vertrauen, der Zuversicht, der Unterstützung und der Liebe versehen, die man braucht, um den Tag zu meistern.

beitender, erfolgreicher Vater, eine Mutter, die Hausfrau ist, zwei Kinder – ein Junge und ein Mädchen –, Auto und Garage. Ein nettes kleines Haus im Vorort einer großen Stadt und vielleicht ein freundlicher Hund im Garten. In diesen Serien lösen liebende Eltern und Kinder, sämtlich unbeleckt von der Alltagsrealität und unbeeinträchtigt durch größere Herausforderungen oder Konflikte, auf einfachste

Weise die kleinen Probleme des Lebens mit Charme und sanftem Humor – und das alles in dreißig Minuten oder noch weniger.

Nun wissen wir, daß diese Art von Familie nichts anderes ist als eine Ausgeburt der kreativen Vorstellungskraft eines Drehbuchschreibers. In der Wirklichkeit kommen Familien – durch Liebe, Erfahrung und Biologie zusammengeschmiedet – in allen möglichen Formen und Konstellationen vor.

Dennoch gibt es eine Sache, die in allen Familien unverändert gleich ist: In Familien wachsen Kinder auf und lernen, erwachsen zu werden, indem sie sich nach dem Vorbild der Erwachsenen formen.

Sie werden beobachtet

In der Familie lernen Ihre Kinder, wie man mit anderen Menschen umgeht. Sie lernen es, indem sie beobachten, wie Sie, die Eltern, mit anderen umgehen. Die eindrucksvollste Lektion wird sein, wie Sie mit Ihren Kindern umgehen.

Wenn Sie Ihre Kinder übersehen, weil sie »nur Kinder« sind, oder wenn Sie sie ignorieren, weil »Kinder gesehen, aber nicht gehört werden sollten«, dann werden sie sich mißachtet und unwichtig fühlen. Wenn Sie in erster Linie auf Ihre Kinder stolz sein wollen, in ihnen schon zukünftige Ärzte oder Anwälte sehen, kaum daß sie sprechen können, dann werden diese Kinder ihren Wert daran messen, was sie leisten, und nicht daran, was sie sind.

Damit Kinder jedoch zu Persönlichkeiten heranreifen

können, müssen sie mit einem starken und soliden Selbstbewußtsein ausgestattet sein. Nur eine Person mit Selbstrespekt kann auch andere respektieren, und nur ein Mensch, der seine eigene Würde fühlt, kann andere würdigen.

Wenn Eltern also ihre Liebe zu ihren Kindern kontinuierlich zeigen, indem sie sie wertschätzen und ernst nehmen, wenn sie sich ihre Ideen anhören und ihre Gefühle wahrnehmen, dann werden die Kinder sich wertvoll, sicher, geschätzt, respektiert und respektabel fühlen. Dann werden sie auch fähig sein, andere zu respektieren und wertzuschätzen.

Indem sie ihre Eltern beobachten, als Mann und Frau, als Ehemann und Ehefrau, als Liebhaber, als Partner, als Freunde, als liebende Menschen, lernen die Kinder in der Familie noch mehr über ihre eigene Natur. Sie lernen ihre Sexualität kennen, ihre Rolle im Leben, ihre Fähigkeit zu Gemeinschaft, zu Intimität und Liebe.

Jedes Jahr an Weihnachten greifen viele Menschen zu O. Henrys Erzählung »Das Geschenk der Weisen«, weil sie so wundervoll nicht nur den Geist der Jahreszeit, sondern auch die Inspiration menschlicher Liebe und Hingabe aufzeigt. Sie beschreibt uns eine Partnerschaft der Selbstlosigkeit und der Selbsthingabe. Sie zeigt uns auch, wie eine liebevolle, sehr weibliche Frau ihre Stärke und Kraft kennenlernen kann, und wie ein extrem maskuliner Mann mit seiner Sanftmut und seinem Mitgefühl in Berührung kommt.

TIP NUMMER 2
SEIEN SIE FREIGEBIG MIT LOB

Es ist so leicht, das Schlechte im anderen zu sehen, ihn zu kritisieren und zu richten, schlechtzumachen und zu verurteilen, zu tratschen und Gerüchte weiterzutragen.

Und dabei ist es so viel schöner, das Beste im anderen zu sehen, Gefallen an jemandem zu finden und Zuneigung auszudrücken, seine Fähigkeiten zu loben und hervorzuheben.

Lassen Sie Ihre Kinder lieber freundliche und lobende Worte von Ihnen über andere Menschen hören als harte und unfreundliche.

Vermeiden Sie abfällige Bemerkungen oder vorschnelle »Etiketten« für andere. Erzählen Sie keine rassistischen oder fremdenfeindlichen Witze. Ihre Kinder werden dann begreifen lernen, daß Stereotype und Karikaturen zwar einen Lacher bringen, aber doch gar nicht witzig sind, da sie andere beleidigen und Vorurteile verstärken.

In dieser Erzählung wollen Jim und Della, beide jung und sehr verliebt, einander etwas Wundervolles zu Weihnachten schenken. Aber sie sind arm und haben kein Geld für außergewöhnliche Geschenke.

Jims wertvollster Besitz ist seine goldene Taschenuhr, ein Erbstück, das von seinem Großvater über seinen Vater auf ihn kam. Dennoch verkauft er sie, um das Geld für Dellas Geschenk zu haben: zwei wunderbare Perlmuttkämme für ihr langes, schönes Haar.

Zur gleichen Zeit jedoch schneidet Della ihr Haar ab und verkauft es, um Jims Geschenk erstehen zu können: eine goldene Kette für seine Taschenuhr.

Wenn Sie deutlich zeigen, daß Sie die Menschenwürde anderer achten – so wie Sie selbst respektiert werden möchten –, werden Ihre Kinder das auch tun.

Sie leben Ihrem Kind vor, was es heißt, ein Mann, eine Frau zu sein, wie man ein von anderen unabhängiges emotionales Gleichgewicht findet und wie man eine Beziehung pflegt – gleichgültig, ob Sie in einer Ehe oder einer anderen Form von Beziehung leben oder Single sind. Sie zeigen es Ihren Kindern durch Selbstachtung und Selbstbewußtsein, dadurch, daß Sie sowohl nein sagen als auch nachgiebig sein können, indem Sie Festigkeit ausstrahlen und sich doch emotional berühren lassen.

Wenn Sie – sichtbar! – lieben, dann wird Ihr Beispiel viel bewirken. Denn wenn Kinder sehen, wie Erwachsene einander respektieren, lieben und füreinander sorgen, dann lernen sie nicht nur, wie sie sich in ihren eigenen persönlichen und später intimen Beziehungen verhalten sollen, sondern auch, wie man sich generell anderen Menschen gegenüber verhält.

Wie Erich Fromm sagt: »Liebe ist (...) eine Haltung, eine Charakter-Orientierung, welche die Bezogenheit eines Menschen zur Welt als Ganzem (...) bestimmt. (...) Wenn ich einen Menschen wahrhaft liebe, so liebe ich alle Menschen, so liebe ich die Welt.«

Haifa, eine Hafenstadt im Norden Israels, ist stolz darauf, die einzige Untergrundbahn des Landes zu haben. Das ganze Bahnsystem baut auf nur drei Haltestellen auf, eine am Hafen, eine auf halber Höhe des bergigen Terrains der Stadt und eine ganz oben auf dem Berg.

An die Wände jedes Wagens ist etwas gemalt, was zunächst aussieht wie typische U-Bahn-Graffiti, in Wirklichkeit aber ein Hinweis der Betreiber der Bahn ist. Der Text, aus dem 3. Buch Mose entliehen, lautet: »Vor einem grauen Haupt sollst du aufstehen und die Alten ehren.« Praktisch dient dies als Aufforderung, seinen Platz einem alten und gebrechlichen Menschen zu überlassen. Aber in dieser Aufforderung steckt noch mehr: der große Respekt und die Ehrerbietung, die jede große geistige Tradition den Alten zollt.

Alt zu sein heißt, ein Leben voller Erfahrungen angesammelt zu haben. Alt zu werden bedeutet, aus Erfahrungen gelernt zu haben, Erfolg und Scheitern, Trauer, Schmerz und Freude zu kennen. Deshalb werden die Anführer so vieler Stämme und Kirchen »Ältestenrat« genannt. Diese Alten gelten als Leitbilder, die Ziele, Anleitung und guten Rat vermitteln können.

Dennoch lehnt unsere moderne Gesellschaft das Altern ab und feiert statt dessen das ewig Neue, Junge, Frische und Attraktive – vor allem in der Werbung und in der Vermarktung kommerzieller Produkte spiegelt sich das wider. Ein bitterer Text beschreibt die Gefühle der Alten, die sich ignoriert und vergessen fühlen:

Eine ältere Frau, die in einem Altersheim lebt, fragt:

Vielleicht fühlen Sie Liebe und Zuneigung für Ihre Kinder, äußern sie aber nicht. Vielleicht glauben Sie, die Kinder wüßten ohnehin, daß Sie sie lieben. Aber Ihre Kinder sind keine Gedankenleser. Wenn Sie es nicht sagen und zeigen, werden die Kinder vielleicht nie wissen, wie sehr Sie sie lieben.

Sagen Sie Ihrem Kind: »Ich liebe dich.« Sagen Sie es oft und immer wieder, so daß Ihre Kinder es hören und wissen und sich dieser Liebe sicher sein können.

Berühren Sie Ihre Kinder. Nehmen Sie ihre Hände, umarmen Sie sie, küssen Sie sie, kuscheln Sie mit ihnen. Erlauben Sie ihnen, ihren Kopf auf Ihre Schulter zu legen. Lassen Sie sie Ihre Wärme spüren, mit der Sie sie schützen und lieben.

Es gibt nichts, was Ihre Kinder sich so sehr wünschen wie Ihre Liebe. Und nichts ist für sie eine größere Befriedigung und Unterstützung, als wenn sie Ihre liebevolle Berührung spüren und Ihre liebevollen Worte hören.

»Was sehen Sie, Schwestern, was sehen Sie? Was denken Sie, wenn Sie mich anschauen?

Sie sehen mich wohl lediglich als vergrätzte alte Frau, deren Blick verschleiert ist, die ihr Essen verschüttet und ihre Schuhe verliert und die willenlos tut, was die Schwestern wollen.«

Dabei ist sie in Wirklichkeit doch eine ganz andere, auch wenn diese andere nach außen hin nicht sichtbar ist. Sie erinnert sich voller Freude und Zufriedenheit an ihr Leben, als kleines Kind mit liebevollen Eltern und Geschwistern, als junges, verliebtes Mädchen, als hingebungsvolle Braut, als Mutter, als Großmutter und dann als Witwe, ohne Mann und mit Kindern, die weit weg leben. »Ich bin jetzt eine alte Frau, und die Natur ist grausam. Es ist ihre Rache, alte Menschen wie Narren aussehen zu lassen. Der Körper schrumpft, Grazie und Kräfte schwinden. Aber in diesem Wrack lebt noch immer das junge Mädchen von einst.«

Deshalb ruft sie: »Öffnet eure Augen, Schwestern, öffnet sie und seht – nicht eine bittere alte Frau. Schaut genauer hin. Seht mich!«

Sie führen Ihre Kinder zum Respekt gegenüber jedem Menschen, wenn Sie ihnen den besonderen Wert der älteren und alten Menschen nahebringen.

In der Art und Weise, wie Sie selbst Ihre Eltern behandeln, werden Ihre Kinder erkennen, was es heißt, alte Menschen zu respektieren und zu ehren. Sie werden es Ihnen gleichtun und auch Sie, wenn Sie selbst alt sind, ehren und respektieren.

Es gibt eine Geschichte, die erzählt von einem alten Mann, der im Haus seines Sohnes lebte. Das Leben war angenehm für ihn, er hatte sein eigenes Zimmer mit ausreichend Platz für alle seine Sachen, sein Sohn und seine Schwiegertochter behandelten ihn gut, es gab einen jungen Enkel, der ihm viel Freude machte.

TIP NUMMER 4
BESUCHEN SIE AUCH ALTE MENSCHEN

Nehmen Sie Ihre Kinder mit, wenn Sie alte Menschen besuchen – Ihre Eltern, Nachbarn, Mitglieder der Kirche, Synagoge oder Moschee, Bewohner eines Altenheimes.
Kinder, deren Großeltern in der Nähe wohnen, werden Generationsunterschiede problemlos überbrücken. Kinder, deren eigene Großeltern vielleicht nicht mehr leben oder weit weg wohnen, können eine Oma oder einen Opa »adoptieren«.
Die alte Frau, die Sie besuchen, kann so neue Freunde und »Enkel« gewinnen.
Beobachten Sie, wie schnell Ihre Kinder und diese alten Menschen sich miteinander wohl fühlen. Sie werden sehen, wie Ihre Kinder nicht nur Alter und Eingeschränktheit sehen, sondern die Persönlichkeit mit all ihren Eigenschaften. Freuen Sie sich an der Verbundenheit zwischen den Gene-rationen, an Verständnis und Vertrauen, gegenseitigem Respekt, Liebe und Hingabe, Blühen und Wachsen.

Jeden Abend traf sich die Familie an einem großen, runden Tisch zum Essen. Sie genossen das gute Essen und eine ruhige Unterhaltung miteinander. Der Mann war glücklich und zufrieden.

Mit den Jahren verließ den alten Mann seine Gesundheit. Seine Hände begannen zu zittern, und manchmal ließ er deshalb seinen Teller fallen oder verschüttete seinen

Tee. Je häufiger ihm das passierte, desto ungeduldiger wurde der Sohn mit seinem Vater. Eines Abends, als die Familie um den Tisch saß, zerschlug der alte Mann versehentlich mit seinem Löffel die Suppentasse, und die Suppe lief über den ganzen Tisch.

Sein Sohn sprang auf und schrie den Vater an:

»Was ist bloß los mit dir? Du bist so ungeschickt. Wenn du nicht anständig an unserem Tisch essen kannst, dann wirst du allein in deinem Zimmer essen müssen. Ich bin es leid, daß du immer alles verschüttest und unser gutes Geschirr zerbrichst.«

Am nächsten Tag brachte der Sohn eine hölzerne Schüssel nach Hause; von dem Tag an aß der alte Mann in seinem eigenen Zimmer aus seiner Holzschüssel. Er sagte nichts zu seinem Sohn oder seiner Schwiegertochter, aber es schmerzte ihn sehr, vom gemeinsamen Essen ausgeschlossen zu sein.

Eines Tages, als der Sohn nach Hause kam, fand er seinen Sohn an der Werkbank in der Garage über einer Arbeit.

»Was machst du da?« fragte er.

Der Sohn hielt stolz sein Werk hoch. »Ich mache eine Holzschüssel, ich schnitze sie ganz allein.«

»Eine Holzschüssel?« fragte der Vater. »Wozu brauchst du die? Wir haben doch so schönes Geschirr.«

Der kleine Junge antwortete: »Ich weiß, Vater, aber ich mache diese Schüssel für dich, wenn du mal alt bist wie Großvater und dann bei mir wohnst. Wenn deine Hände anfangen zu zittern und du mein Geschirr zerbrichst, dann habe ich diese Holzschüssel schon fertig für dich in deinem Zimmer.«

Als der Vater dies hörte, lief er zu seinem eigenen Vater

und sagte: »Vater, es tut mir leid. Bitte vergib mir, daß ich dich zuwenig respektiert habe.«
Und an diesem Abend saß die ganze Familie wieder zusammen um den großen, runden Tisch.

Sie sind das Vorbild

Jeder Moment eines jeden Tages ist Teil des »Lebenslaboratoriums«, in dem Kinder sich ein moralisches Fundament schaffen. Sie formen es nach Ihrem Vorbild, indem sie Sie beim Umgang mit anderen Menschen beobachten.

An diese Rolle, die Eltern automatisch spielen, erinnert eine Geschichte des großen Meisters Mahatma Gandhi:

Eine Mutter brachte ihren Sohn zu Gandhi und sagte: »Bitte, Meister, sagt meinem Sohn, er soll aufhören, Zucker zu essen.«

Gandhi schaute dem Jungen tief in die Augen und antwortete der Mutter: »Bringe ihn mir in zwei Wochen wieder.«

»Aber Meister«, sagte sie, »wir sind einen weiten Weg hierher gekommen. Bitte schickt uns nicht fort. Bitte, sagt meinem Sohn, er soll aufhören, Zucker zu essen.«

Wieder schaute Gandhi dem Jungen tief in die Augen, aber wieder antwortete er: »Bringe mir deinen Sohn in zwei Wochen wieder.«

Zwei Wochen später kehrten Mutter und Sohn zurück. Wieder sagte die Mutter: »Bitte, Meister, sagt meinem Sohn, er soll aufhören, Zucker zu essen.«

Gandhi schaute dem Jungen tief in die Augen und sagte: »Höre auf, Zucker zu essen.«

Tip Nummer 5
Besuchen Sie den Friedhof

Wenn Ihre Großeltern, Eltern oder andere Ihnen naheste-
hende Menschen gestorben sind, nehmen Sie Ihre Kinder zu
einem Besuch auf dem Friedhof mit.
Gehen Sie nicht dorthin, um traurig oder melancholisch zu
sein, sondern eher, um an einem Ort der Erinnerung ge-
meinsam mit Ihren Kindern die schönen Erinnerungen an
die Menschen, die Sie lieben, zu teilen.
Gehen Sie an einem schönen Tag dorthin, wenn die Sonne
scheint, nicht, wenn es stürmt und regnet und der Friedhof
traurig oder unheimlich auf die Kinder wirkt.
Erinnern Sie sich an die geliebten Menschen, und erzählen
Sie Ihren Kindern von ihnen.
Indem Sie Ihre Kinder mit auf den Friedhof nehmen,
machen Sie ihnen ihre eigene Geschichte und ihr Erbe, ihre
Herkunft und ihr Ziel zum Geschenk.

Die Mutter antwortete: »Oh, danke Euch, Meister, danke
Euch. Aber bitte sagt mir, warum Ihr uns fortgeschickt
habt. Warum habt Ihr meinem Sohn nicht schon vor zwei
Wochen gesagt, er solle aufhören, Zucker zu essen?«
Gandhi antwortete: »Vor zwei Wochen aß ich selbst noch
Zucker.«
Sie können Ihren Kindern ein gutes Vorbild sein, wenn
Sie sich vorstellen, daß sie wie Bergsteiger sind, die ihrem
Bergführer auf den Fels folgen und sagen: »Bitte vorsich-
tig, wir gehen in deinen Fußstapfen.«
So wie Sie sind, so werden auch Ihre Kinder sein.

Das Reisfeld

Es war einmal vor langer, langer Zeit im fernen Land Japan ein kleines Dorf. Auf der einen Seite des Dorfes war der große Ozean, und auf der anderen Seite waren hohe Berge. Nur wenige Menschen in dem Dorf lebten vom Fischfang, die meisten Männer, Frauen und Kinder arbeiteten in den Reisfeldern, die oben auf den Bergen lagen. Jeden Morgen kletterten die Dorfbewohner einen steilen Bergpfad zur Arbeit hinauf. Jeden Abend stiegen sie vom Berg herab, um die Nacht in ihren Hütten im Dorf zu verbringen.

Nur eine Großmutter und ihre Enkelin, mit Namen Hanako, lebten auf dem Gipfel des Berges. Ihre Aufgabe war es, des Nachts die Feuer zu versorgen, um damit wilde Tiere, die den Reis fressen könnten, zu vertreiben.

Eines Morgens, als die Reisfelder golden und trocken waren, reif für die Ernte, ging die Großmutter zum letzten Mal zu den Feuern. Unten im Dorf begannen die Bewohner mit ihren Morgengebeten, bevor sie den Berg ersteigen würden, um ihr Tagewerk zu beginnen.

Wie jeden Morgen ging die Großmutter, nachdem sie die Feuer geschürt hatte, zur Klippe des Berges, um den Sonnenaufgang zu beobachten. Aber an diesem Tag sah sie nicht die Sonne aufgehen. Was sie sah, machte ihr große Angst.

So schnell sie konnte, lief sie zu der Hütte, in der ihre Enkelin schlief. »Hanako«, rief sie, »steh auf, steh auf!«

»O Großmutter«, sagte Hanako, »ich bin müde, bitte laß mich schlafen.«

»Nein, Hanako. Stehe jetzt sofort auf und mache das, was ich dir sage. Hol einen brennenden Ast vom Feuer.«

Hanako wußte, daß sie gehorchen mußte, denn noch nie hatte sie ihre Großmutter so aufgeregt erlebt. Ohne zu wissen warum, holte Hanako einen brennenden Ast vom Feuer und kehrte zu ihrer Großmutter zurück, die jetzt bei den Reisfeldern stand.

Die Großmutter schrie einen Befehl: »Setze die Felder in Brand!«

»Aber Großmutter«, weinte Hanako, »wir können doch nicht die Reisfelder verbrennen. Das ist die Nahrung für unser Dorf. Ohne den Reis werden wir alle verhungern.«

»Tu, was ich sage«, befahl ihre Großmutter.

Hanako tat, was ihr befohlen worden war, und die Tränen rannen ihr dabei übers Gesicht. Sie berührte mit dem brennenden Ast die Felder und setzte den kostbaren Reis in Flammen. Schon bald stiegen große Wolken von schwarzem Qualm aus den Feldern oben auf dem Berg auf.

Unten sahen die Dorfbewohner den Rauch, und innerhalb kürzester Zeit kamen sie alle hinaufgelaufen.

Als sie oben waren, sahen sie die Flammen, die ihren kostbaren Reis verbrannten. Die ganze Ernte war zerstört.

»Was ist hier passiert?« schrien sie. »Wie kam es zu diesem schrecklichen Feuer?«

»Ich habe das Feuer gelegt«, sagte die Großmutter zu den Dorfbewohnern.

»Was? Du hast das Feuer gelegt? Du dumme alte Frau! Du hast unsere Ernte zerstört. Wir werden alle verhungern. Wie konntest du nur etwas so Dummes tun?«

»Schaut«, sagte die Großmutter und wies hinaus auf den Ozean. »Schaut euch diesen schrecklichen Sturm an, der auf die Küste zurast. In weniger als einer Stunde werden riesige Wellen unser ganzes Dorf verschlingen.«

Die Menschen standen da und schauten still aufs Meer, und bald sahen sie, daß die Großmutter recht hatte. Der große Sturm warf eine acht Meter hohe Welle auf den Strand, und jede Hütte im Dorf wurde unter den Wassermassen zerstört.

Die Dorfbewohner schauten auf ihre kleine Siedlung, die da in Trümmern lag, sie schauten auf ihre Reisfelder, die verbrannt waren, und ein Mann rief aus: »Wir haben nichts mehr! Alles ist verloren. Wir sind zerstört.«

Und alle Dorfbewohner weinten und klagten.

Nur eine Frau sagte: »Es ist nicht alles verloren. Wir haben unser Leben. Jeder von uns hat den Sturm überlebt.«

Und der Dorfälteste sagte: »Das ist richtig, wir haben unser Leben noch einmal geschenkt bekommen. Heute nachmittag fangen wir von vorne an. Wir werden neue Hütten bauen und neue Felder anlegen.

Aber zuerst müssen wir der Großmutter danken. Sie ist keine dumme alte Frau, wie viele von uns sie genannt haben, sie ist vielmehr weise und mutig. Sie hat unser aller Leben gerettet. Denn wenn wir die Rauchwolken von dem Feuer, das sie in den Reisfeldern legte, nicht gesehen hätten, wären wir nicht so schnell auf den Berg gelaufen, sondern von den Wellen ertränkt worden.«

FRAGEN ZUM THEMA RESPEKT,
DIE SIE MIT IHREN KINDERN BESPRECHEN KÖNNEN

Eine Frage für die Vier- bis Achtjährigen
Wenn du mit deiner besten Freundin bei ihr zu Hause
spielst, kommt es häufiger vor, daß ihre Mutter aufbraust
und auch dich anschreit, obwohl du gar nichts gemacht
hast.
Was sagst du? Was machst du?

Eine Frage an die Neun- bis Zwölfjährigen
Du bist ein wirklich guter Fußballspieler, und doch mußt
du die meiste Zeit auf der Reservebank verbringen. Statt
dessen läßt dein Trainer andere aus der Mannschaft spielen, vor allem seinen Sohn und dessen Freunde, die nicht
so gut sind wie du.
Wie überzeugst du deinen Trainer davon, dir die Gelegenheit zum Spielen zu geben, die du verdienst?

Eine Frage an die Teenager
Euer Geschichtslehrer ist langweilig und fade, der Unter-
richt macht keinen Spaß. Deine Freunde haben vor, den
Lehrer zu schikanieren, indem sie sich im Unterricht ab-
sichtlich schlecht betragen und Gerüchte über sein Pri-
vatleben verbreiten.
Bist du dabei, den Lehrer »fertigzumachen«? Warum?
Warum nicht? Was sagst du zu deinen Freunden?

Die zweite Lebensregel
Wahrhaftigkeit

Als Bobby sechs Jahre alt war, unternahmen sein Vater und er eine Fahrt aufs Land. An einer Kreuzung fuhr Bobbys Vater ohne anzuhalten weiter, obwohl dort ein Stoppschild stand.

Bobby sagte: »Papi, in der Schule hat unser Lehrer gesagt, daß man an jedem Stoppschild anhalten muß.«

Sein Vater antwortete: »Ach, mach dir keine Gedanken. Hier ist überhaupt kein Verkehr, und außerdem ist weit und breit kein Polizeiauto zu sehen. Niemand wird merken, daß wir das Stoppschild nicht beachtet haben.«

Als Bobby zwölf Jahre alt war, nahm seine Mutter ihn mit ins Kino. Als sie hineingingen, sagte sie zu ihm: »Bobby, wenn der Kontrolleur dich fragt, wie alt du bist, sag, du seist elf. Ich habe eine Kinderkarte für dich gekauft.«

Als Bobby sechzehn Jahre alt war, hörte er, wie der Vater am Telefon mit dem Finanzberater der Familie sprach: »Das geht in Ordnung, Charlie, vergiß einfach, daß ich dir jemals von diesem Extragewinn mit dem Prämiengeschäft erzählt habe. Es gibt ohnehin keine Aufzeichnungen davon, und ich habe keine Lust, Steuern dafür zu zahlen.«

Als Bobby achtzehn war, ging er aufs College. Sechs Monate später erhielten seine Eltern den folgenden Brief vom Direktor der Schule:

»Sehr geehrter Herr Smith, sehr geehrte Frau Smith, leider muß ich Ihnen mitteilen, daß Ihr Sohn Robert von unserer Schule verwiesen worden ist. Er hat gegen den Ehrenkodex unserer Einrichtung verstoßen, indem er versuchte, beim Halbjahresexamen zu betrügen.«

Bobbys Mutter rief: »Bobby? Betrügen beim Examen? Wie ist das möglich? Wir haben ihn doch gut erzogen. Wo sollte er gelernt haben, zu betrügen?«
Bobbys Vater seufzte, schüttelte den Kopf und fragte betrübt: »Wie konnte uns Bobby das antun?«

Früher war es eine Frage der Ehre, zum eigenen Wort zu stehen. Auch wenn das heute eher als alter Hut gilt: Wahrhaftigkeit, Ehrlichkeit bauen darauf auf, daß das eigene Wort gilt, verbindlich ist – für mich selbst und andere. Weil Wahrhaftigkeit etwas mit Ehre zu tun hat, können Lügen, die entdeckt werden, sehr beschämend sein.

Eine Anekdote erzählt von einem Zeitungsreporter, der zufällig an einem Unfall vorbeikam. Leute umringten das Opfer, so daß der Reporter nicht nah genug herankommen konnte, um das Ausmaß der Verletzungen zu sehen. Aber er mußte die Story kriegen, deswegen rief er: »Ich bin der Vater des Opfers. Lassen Sie mich durch!«

Die Menge teilte sich und ließ ihn durch, so daß er direkt an der Unfallstelle stand – um zu sehen, daß es sich bei dem Opfer um einen kleinen Hund handelte.

Wenn Kinder lernen, die Wahrheit zu sagen, werden sie sich nie ihrer Lügen schämen müssen.

Ein Sprecher des Repräsentantenhauses der USA, Sam Rayburn, wurde einmal gefragt: »Herr Rayburn, Sie sehen jeden Tag Hunderte von Menschen. Zu jedem sagen Sie ›ja‹, ›nein‹ oder ›vielleicht‹. Niemals machen Sie sich Notizen zu dem, was Sie gesagt haben, aber ich habe noch nie erlebt, daß Sie sich widersprochen hätten. Was ist das Geheimnis, wie Sie sich all die Dinge merken, die Sie den vielen Menschen jeden Tag sagen?«

Sprecher Rayburn antwortete: »Wenn Sie die Wahrheit sagen, müssen Sie sich nichts merken.«

Eine Geschichte erzählt von drei Geistlichen, die mitten auf einem See in einem Boot saßen, um einen Tag lang zu angeln.

Einer von ihnen sagte zu seinen Freunden: »Hier sind wir doch weit weg von unseren Gemeinden und den Menschen, die wir betreuen, weit weg von unseren heiligen Pflichten. Laßt uns ganz ehrlich miteinander sein und uns unsere schlimmsten Sünden gestehen. Ich zum Beispiel liebe alles, was Geld kostet. Aber mein mageres Salär reicht nie für alle Dinge aus, die ich haben will. Deshalb nehme ich ab und zu etwas Geld aus dem Opferstock.«

Der zweite Geistliche sagte: »Ja, wenn wir ganz ehrlich miteinander sind, will ich euch auch etwas erzählen. Meine Sünde ist das Wetten. Ich wette auf alles und jeden – ein Fußballspiel, ein Tennisspiel und, vor allem, auf Pferde.«

Der dritte Geistliche war still. Schließlich sagten seine Freunde zu ihm: »Wir haben unsere größten Sünden gebeichtet, jetzt bist du dran. Was ist dein ärgstes Laster?«

Und der dritte Geistliche antwortete: »Mein schlimmstes Laster ist das Tratschen, und ich kann es kaum erwarten, nach Hause zu kommen.«

Sind Sie je auf einer Freizeit in eine Gruppe von neunjährigen Jungen geraten? Haben Sie einmal eine Party von dreizehnjährigen Mädchen erlebt? Die Art und Weise, in der sie miteinander reden, vor allem über ihre Freunde und Bekannten, die nicht dabei sind, kann scharf, aggressiv und grausam sein. Und diejenigen, von denen sie sprechen, hören oft genug später davon und vergessen es nie. Böse Worte, die einmal ausgesprochen wurden, können nie mehr zurückgenommen werden. Verantwortungsloses Tratschen nährt sich von selbst und wird immer schlimmer, je länger es dauert. Die ausgesprochenen Worte bekommen ein Eigenleben und hinterlassen Zerstörung und Verwirrung.

Die Praxen der Therapeuten sind voll von Menschen, die von Worten, die man zu ihnen oder über sie gesprochen hat, gequält werden. Manchmal schwimmen diese Worte in der bewußten Erinnerung hin und her und tauchen immer wieder schmerzhaft auf. Manchmal bleiben sie direkt unter der Oberfläche und kommen ab und zu hoch, um zu verunsichern, zu quälen und zu ärgern. Manchmal sind sie tief im Unterbewußtsein vergraben und wirken von dort aus.

Klatsch, Tratsch, Gerüchte, Unterstellungen und üble Nachrede sind nicht etwa Taten, bei denen es keine Opfer gibt. Worte lösen sich nicht einfach in Luft auf. Sie setzen sich fest, quälend, demütigend und zermürbend.

Sie können Ihren Kindern beibringen, auf ihre Worte zu achten und den Ruf anderer ebenso zu respektieren wie ihren eigenen. Zeigen Sie ihnen die Bedeutung des Satzes: »Wenn es kein Holz mehr gibt, geht das Feuer aus, aber wenn es keinen Tratsch mehr gibt, hört der Streit auf.«

Wenn Sie auf Ihre Worte achten, dann lernen Ihre Kinder zu vertrauen.

Als mein Sohn Seth fünf oder sechs Jahre alt war, liebte er es, auf dem Weg vor unserem Haus Rollschuh zu laufen. Am liebsten startete er ganz oben an der Garageneinfahrt und sauste dann so schnell wie möglich den Berg hinunter.

Eines Tages, als ich gerade von einem Spaziergang zurückkam, sah ich, wie Seth an der Garage loslief und nach nur wenigen Metern die Balance verlor.

Instinktiv suchte er mit den Händen nach einem Halt und griff das, was ihm am nächsten war – den Seitenspiegel meines Autos. Mit einem lauten »Knack« riß er den Spiegel aus seiner Verankerung, fiel und landete unsanft auf dem Beton.

Ich lief zu ihm hin, sah, daß er nicht verletzt war, und fing ohne Grund und ohne nachzudenken an zu schreien: »Warum hast du nach dem Spiegel gegriffen und ihn abgebrochen? Du hast gerade einen sehr guten Spiegel ruiniert. Sicher wird es einen Hunderter kosten, ihn zu reparieren. Was ist denn los mit dir?«

Seth begann zu weinen.

Sofort erkannte ich meine Dummheit. Was war bloß in mich gefahren? Warum schrie ich ein sechsjähriges Kind an, das sich nur vor einer Verletzung schützen wollte, indem es nach dem einzigen Halt in der Nähe griff? Warum sollte ich böse auf ihn sein? Es war nicht sein Fehler, daß der Spiegel abbrach. Wenn ich ärgerlich sein wollte, dann hätte ich mich an den Autohersteller wenden können, der

Dieses Spiel wird gern an Kindergeburtstagen gespielt. Alle Mitspieler setzen sich in einem großen Kreis zusammen.

Sie flüstern nun ihrem Nachbarn im Kreis etwas zu. Dieser flüstert es der nächsten Person zu, und so geht es immer weiter, bis die Nachricht einmal herumgegangen ist.

Sie wissen, was geschehen wird. Die Worte und die Nachricht werden am Ende völlig verdreht und verändert sein und werden keine Ähnlichkeit mehr mit dem haben, was Sie der ersten Person im Kreis zugeflüstert haben.

Kinder lernen dabei eine Menge: Sogar das einfachste Wort kann durch ungenaue Weitergabe und ohne böse Absicht verdreht werden und eine ganz neue Bedeutung bekommen. Wie wichtig ist es, mit Bedacht zu sprechen!

einen Spiegel so schlecht festmachte, daß er mit einem Ruck abgerissen werden konnte.

Es tat mir leid, daß ich Seth ohne Grund angeschrien hatte, und ich entschuldigte mich, so gut ich konnte.

Mit der Zeit vergaß ich den Vorfall, Seth jedoch offensichtlich nicht.

Jahre später, als er bereits an der Universität war, erinnerte er mich daran, wie wütend ich auf ihn gewesen war, als er den Spiegel von meinem Auto gerissen hatte. »Du warst nicht fair«, sagte er, »du hast mich für etwas angeschrien, das nicht mein Fehler war. Du hast meine Gefühle verletzt, in einem Moment, wo ich schon dadurch verletzt war, daß ich auf die Straße gefallen war.«

Die Worte, die ich – ohne es wirklich zu wollen – gesprochen hatte, hatten meinen Sohn verletzt und ihm zusätzliche Schmerzen verursacht. Auch wenn der Anlaß noch so gering war, so hatte der Vorfall dennoch das Vertrauen meines Kindes in mich geschwächt; denn wenn ich mich einmal so unfair verhalten hatte, dann könnte das seiner Ansicht nach doch immer wieder passieren. Meine unbedachten Worte trafen ihn tief und wurden lange erinnert.

Worte sind mächtig, können die Welt Ihrer Kinder stärken oder erschüttern, sie können ihnen Vertrauen oder Zweifel einflößen.

»Ich weiß, Peter, daß ich dir versprochen habe, daß wir heute abend Fangen spielen. Aber ich bin so müde, ich schaffe es einfach nicht. Das verstehst du doch, oder? Aber mach dir keine Gedanken, ich verspreche es, morgen werden wir spielen, gleich wenn ich von der Arbeit nach Hause komme, ich verspreche es.«

»Ich weiß, Julia, daß ich dir versprochen hatte, diese Woche deine Tanzvorführung zu besuchen. Aber die Konferenz ging so lang, und dann wollte mein Chef mich noch unbedingt sprechen. Ja, und der Verkehr auf dem Heimweg war einfach fürchterlich. Das verstehst du doch, oder? Aber ich verspreche es, bei der nächsten Vorführung werde ich dabeisein. Das ist in einem halben Jahr, oder? Ich werde dort sein, ich verspreche es.«

Ihre Worte haben die Macht, das Wohlbefinden Ihrer Kinder zu verbessern oder zu zerstören, sie traurig oder fröhlich, skeptisch oder vertrauensvoll zu machen und sich selbst und die Menschen um sie herum zu lieben oder abzulehnen.

Wenn sie hören: »Mein lieber Schatz. Ich bin stolz auf dich. Ich freue mich über dich«, dann werden sie Ihnen glauben und sich daran erinnern. Und wenn sie hören: »Wie konntest du das tun? Kannst du nie etwas richtig machen? Du scheinst wirklich das dümmste Kind auf der Welt zu sein. Wie bin ich nur an solch ein dummes Kind geraten? Aus dir wird nie etwas werden«, dann werden sie Ihnen glauben und sich daran erinnern.

Ihre Worte haben ein lang anhaltendes Echo.

Ehrliche Taten

Mein Vater besaß während meiner Kindheit eine kleine, unabhängige Kette von Gemüsegeschäften im Süden von Chicago.

Als ich sieben oder acht Jahre alt war, durfte ich in den Geschäften »arbeiten«. Zunächst lernte ich, das Gemüse an der Kasse einzupacken und den Kunden zu helfen, die Tüten zu ihren Autos zu tragen. Etwas später durfte ich hinter der Theke stehen und Süßigkeiten und Kaugummi verkaufen. Als ich größer wurde, lernte ich, die Konserven in die Regale und die Tiefkühlkost in die Kühlschränke zu sortieren. Dann irgendwann durfte ich an der Kasse stehen und Geld herausgeben.

Schließlich, als ich in der High-School war, wurde ich in die Produktabteilung befördert, um Früchte und Gemüse zu sortieren und die besonderen Wünsche der Kunden zu erfüllen.

Hier in der Produktabteilung lernte ich »Hyman Dosicks [das ist mein Vater] Kirschenregel« kennen. Die »Kirschenregel« ist eine einfache Kombination von großem Marketing und akribischer Ehrlichkeit.

Wenn man ein Pfund Kirschen oder sogar etwas mehr in die Schale tut, die eigentlich zwei Pfund faßt, dann fühlt sich der Kunde betrogen. Aber wenn man ein Pfund Kirschen – und wirklich ein Pfund – in eine Schale tut, die nur ein dreiviertel Pfund faßt, dann meint der Kunde, einen guten Kauf zu tun. Das macht Sinn. Eine übervolle

Schale ist viel verführerischer und wird sich viel besser verkaufen als eine halbvolle Schale, auch wenn genau dasselbe Pfund Kirschen darin ist.

Aber der Schlüssel zur »Kirschenregel« ist nicht die Marketingstrategie einer übervollen Schale. Es ist das absolut korrekte Wägen der Kirschen, um sicher zu sein, daß wirklich ein ganzes Pfund in der Schale ist.

Es wäre ganz einfach, ein paar Kirschen weniger in die Schale zu tun, denn es scheinen so viele Früchte darin zu sein, daß niemand das Fehlen von einigen Kirschen bemerken würde. Aber wenn das Pfund nicht voll ist, dann ist die Marketingstrategie nicht länger eine verkaufsfördernde Maßnahme, sondern ein Versuch, den Kunden zu betrügen.

Mein Vater erklärte seinen Angestellten und mir immer wieder: »Wenn Sie je in Versuchung geraten, ein paar Kirschen wegzulassen und den Kunden zu betrügen, dann fragen Sie sich, was passieren würde, wenn die Beamten der Gewerbeaufsicht kämen, um eine Überraschungskontrolle der Kirschenschalen vorzunehmen. Würden Sie dann wegen Ehrlichkeit gelobt oder wegen Betruges angezeigt werden?«

Und dann pflegte mein Vater stets, seinem persönlichen Glauben und seiner Lebenseinstellung getreu, hinzuzufügen: »Der höchste Beamte, Ihr Gewissen, kontrolliert und beobachtet Sie immer, nicht nur, wenn Sie die Kirschen verpacken, sondern bei allem, was Sie tun.«

»Hyman Dosicks Kirschenregel« betrifft nicht nur das Obstgeschäft. Wie der alte Grundsatz schon sagt: »Für Ehrlichkeit gibt es kein Mehr oder Weniger. Entweder man ist ehrlich, oder man ist es nicht.«

Wenn Sie Ihre Kinder an Ihren Arbeitsplatz mitnehmen, entweder regelmäßig oder als besondere Unternehmung, dann sehen sie, was die Eltern eigentlich tun und wie sie ihre Werte im alltäglichen Leben umsetzen.

An Ihrem Arbeitsplatz werden die Kinder Sie in Ihrem Umfeld wahrnehmen und Ihre Handlungen beobachten. Sie werden sehen, wie Sie mit verschiedenen Situationen und Herausforderungen konfrontiert werden, und verfolgen, wie Sie Ihre Entscheidungen treffen.

In der »lebendigen Werkstatt« Ihres Büros, Ihrer Firma, Ihres Werks, Ihres Labors, Ihres Klassenzimmers, im Sitzungssaal, im Lieferwagen, im Wärterhäuschen, im Theater, auf dem Acker, auf dem Fußballplatz, in der Arena – wo immer Sie auch arbeiten, werden Ihre Kinder sehen, wie Sie Theorie in Praxis verwandeln.

Unehrlichkeit und ihre Konsequenzen

Es war einmal ein König, der alle seine Untertanen zu einem großen Bankett einlud.

Der König bat jeden Gast, eine Flasche Wein mitzubringen, denn alle diese Flaschen sollten in ein großes Faß geleert werden, aus dem die Getränke für das Bankett abgefüllt werden sollten.

Einer der Untertanen des Königs dachte: »Was bedeutet schon meine kleine Flasche Wein. Anstelle des Weines werde ich eine Flasche Wasser mitbringen. Wenn meine Wasserflasche unter all den Wein gemischt wird, wird niemand den Unterschied feststellen.«

Am Abend des Banketts versammelten sich alle Untertanen des Königs um die mit Speisen beladenen Tische. Der König hieß seine Gäste willkommen und befahl dann seinen Dienern, den Wein aus dem großen Faß auszuschenken.

Alle Gläser wurden gefüllt – mit Wasser. Denn jeder der Untertanen hatte Wasser anstelle des Weines mitgebracht in der Annahme, daß eine kleine Flasche Wasser sich mit dem Wein vermischen und niemand den Unterschied bemerken würde.

Wie das Sprichwort sagt: »Völlige Ehrlichkeit, auch in kleinen Dingen, ist gar keine Kleinigkeit.«

Immer und überall

Wahrhaftigkeit kennt keine Jahreszeit und keinen bestimmten Ort.

Unser Verhalten in einem Moment kann alles ringsherum verändern, deshalb muß es auch erlaubt sein, sich in jedem Moment zu fragen: »Tue ich auch das Richtige?« Und in eben diesem Augenblick hat man die Macht, etwas zu verändern.

Von Abraham Lincoln wird die Geschichte erzählt, daß er einmal einen Befehl unterzeichnete, der ein bestimmtes

Armeeregiment einer Aufgabe enthob und einer anderen zuführte.

Sein Verteidigungsminister Edwin Stanton war jedoch davon überzeugt, daß Lincoln einen schweren Fehler gemacht hatte, und er weigerte sich, den Befehl auszuführen. Angeblich soll er dazu bemerkt haben: »Lincoln ist dumm.«

Als Lincoln die Weigerung Stantons und seine Äußerung zugetragen wurden, sagte er: »Wenn Stanton sagt, daß ich dumm sei, dann muß es so sein, denn Stanton hat fast immer recht. Ich denke, ich werde ins Verteidigungsministerium hinübergehen und ihn fragen.«

Und genau das tat er. Stanton konnte ihn davon überzeugen, daß der Befehl unklug war, und Lincoln zog ihn zurück.

Moralische Stärke liegt nicht nur darin, richtige und gute Entscheidungen zu treffen, sondern auch in der Fähigkeit, zuzuhören und zu lernen, selbstkritisch zu sein, Fehler zu erkennen und zu verbessern.

Ein Gefühl für Moral zu haben bedeutet, gewisse Prinzipien anzuerkennen und zu befolgen, ohne sich neuen Einsichten und Erkenntnissen zu verschließen.

Ausbildung des Gewissens

Wie bei allen großen menschlichen Unternehmungen, und das Aufziehen von Kindern gehört dazu, werden Sie wahrscheinlich ebensoviel lernen, wie Sie lehren.

Wenn *Sie* Ihren Kindern beibringen, daß Wahrheit und Ehrlichkeit unveränderliche Größen sind, dann werden

Sie gleichzeitig von *ihnen* lernen, daß – ebenso sicher –
Wahrheit immer wieder im Augenblick entsteht. *Ihre Kin-*
der werden Ihnen zeigen, daß Wahrheit etwas mit der Perspekti-
ve zu tun hat, aus der heraus man etwas betrachtet.

Ein Mann traf im Bus einen Obdachlosen, der nur einen
Schuh anhatte.
Er sagte: »Wie ich sehe, haben Sie einen Schuh verloren.«
Der Obdachlose antwortete: »Nein, Mann, ich habe einen gefunden.«
Ihre Kinder werden Ihnen zeigen, daß ehrliches Verhalten
manchmal von Zeit und Umständen beeinflußt wird.
Es ist falsch, ein Pferd zu stehlen. Dennoch ist im Laufe
der Jahre in den meisten Ländern das Strafmaß für Pferdediebstahl verringert worden. Obwohl die Tat selbst immer noch moralisch falsch ist, sind Pferde heute nicht
mehr so lebenswichtig für das wirtschaftliche Wohlerge-

hen einer Gemeinschaft wie früher, und das hat zur Folge, daß die Gesellschaft heute den Pferdediebstahl weniger hart bestraft.

Wie der moderne Essayist Ahad Ha'am sagte: »Jede Generation hat ihre eigenen Bedürfnisse und ihre eigenen Wahrheiten.«

Somit müssen Sie, wenn Sie Ihren Kindern etwas beibringen, auch wenn es um die großen moralischen Themen wie Ehrlichkeit und Wahrhaftigkeit geht, den Rat des Weisen berücksichtigen, der lehrte: »Beschränke ein Kind nicht auf dein eigenes Wissen, denn es ist in einer anderen Zeit geboren.«

Stimmen Ihre Prinzipien und Ansichten mit Ihnen, mit dem, was Sie fühlen, wirklich überein? Die folgende Geschichte erzählt, wie man darüber Aufschluß erhält.

Zwanzig Mönche und eine Nonne lernten Meditation bei einem Zen-Meister.

Obwohl ihr Kopf geschoren war und sie einfache Kleider trug, war es offensichtlich, daß die Nonne sehr hübsch war.

Einige der Mönche verliebten sich in sie, obwohl so etwas natürlich verboten war. Einer schrieb ihr sogar einen Brief, in dem er ihr seine Liebe gestand und darauf drängte, sie allein zu treffen.

Die Nonne beantwortete den Brief nicht. Aber am nächsten Tag, als der Unterricht vorbei war, stand sie vor der Gruppe von Mönchen auf und sagte zu dem, der den Brief geschrieben hatte: »Wenn du mich wirklich so liebst, dann umarme mich jetzt.«

Der Spendensammler

Der Meister und sein Lehrling kamen eines Tages zu dem Haus eines reichen Mannes. Sie kamen, ihn um Geld für einen Menschen zu bitten, der sehr krank war. Der Gastgeber hieß seine Gäste herzlich willkommen und hörte sehr aufmerksam zu, als der Meister von dem kranken Mann und seinen Bedürfnissen erzählte. »Wir bitten Sie«, sagte der Meister, »um eine großzügige Gabe, um diesem Mann in seiner Not helfen zu können.«
Der Gastgeber fragte: »Wer ist der kranke Mann?«
Der Meister schüttelte den Kopf. »Sie wissen, daß wir den Namen einer notleidenden Person nicht offenbaren dürfen. In diesem Falle ist es für den Betroffenen besonders schwer, einzugestehen, daß er auf fremde Hilfe angewiesen ist.«
»Wenn ich helfen soll, dann muß ich darauf bestehen, den Namen der hilfebedürftigen Person zu erfahren«, sagte der Gastgeber. »Ich verspreche Ihnen, daß ich ihn niemandem verraten werde. Ich wollte Ihnen fünfhundert Dollar geben, aber wenn Sie mir den Namen des Mannes mitteilen, werde ich Ihnen tausend Dollar geben.«
Der Meister antwortete: »Es tut mir leid, aber ich kann den Namen des Mannes nicht preisgeben.«

»Zweitausend Dollar«, sagte der Gastgeber. »Ich werde Ihnen zweitausend Dollar geben, wenn Sie mir den Namen sagen. Sicherlich können Sie das nicht zurückweisen.«

»Nein«, war die Antwort des Meisters, »ich werde mein Ehrenwort, das ich dem Notleidenden gegeben habe, nicht brechen. Ich werde Ihnen seinen Namen nicht nennen, auch nicht für zweitausend Dollar.«

»Also dreitausend Dollar«, sagte der Gastgeber. »Ich werde Ihnen dreitausend Dollar für den kranken Mann geben, wenn Sie mir nur seinen Namen nennen.«

Bevor der Meister antworten konnte, sagte sein Lehrling zu ihm: »Meister, dreitausend Dollar würden alle Krankenhauskosten und all seine Lebenshaltungskosten dekken. Wir können das Angebot unseres Gastgebers nicht zurückweisen. Er ist ein ehrenwerter Mann, ich bin sicher, daß er das Geheimnis wahren wird. Denkt doch nur, wieviel Gutes dieses Geld ausrichten wird.«

Der Meister schüttelte wieder seinen Kopf und machte Anstalten zu gehen. An der Tür drehte er sich noch einmal zu seinem Gastgeber um und sagte: »Ich hätte schon längst gehen sollen. Die Würde eines Menschen kann für keinen Preis auf dieser Welt gekauft werden. Ich werde den Namen des Mannes nicht preisgeben, und wenn das der einzige Weg ist, wie Sie helfen wollen, dann werden wir ohne Ihre Hilfe auskommen müssen. Guten Tag.«

Aber bevor er das Haus verlassen konnte, bat ihn sein Gastgeber zu einem Gespräch unter vier Augen in das Nebenzimmer. Als sie allein waren, brach er in Tränen aus.

»Meister«, sagte er, »vor kurzer Zeit habe ich jeden Penny verloren, den ich gespart hatte. Ich kann die Raten für mein Haus nicht zahlen und weiß nicht mehr, wie es weitergehen soll. Ich wollte jemanden um Hilfe bitten, aber ich könnte den Gedanken nicht ertragen, daß jeder in der Stadt weiß, daß ich fremde Hilfe brauche.«

»Nun verstehe ich«, sagte der Meister. »Sie haben mich auf die Probe gestellt, um zu sehen, ob Ihr Geheimnis bei mir bewahrt bliebe. Nun, da ich Ihre Not kenne, werde ich für Sie ebenso wie für den kranken Mann um Geld bitten. Machen Sie sich keine Sorgen, Ihr Geheimnis ist bei mir sicher.«

Nach diesem Gespräch kehrten Gastgeber und Meister wieder in den Raum zurück, wo der Lehrling wartete. Mit einem freundlichen Gruß verließen die beiden das Haus ihres Gastgebers und begaben sich zu ihrem nächsten Besuch.

»Nun«, fragte der Lehrling, »wieviel hat er gegeben?«

Der Meister lächelte und erhob dann scherzhaft den Zeigefinger. »Schäm dich. Du weißt genau, daß diese Dinge geheim sind.«

Fragen zum Thema Wahrhaftigkeit,
die Sie mit Ihren Kindern besprechen können

Eine Frage für die Vier- bis Achtjährigen
Eure Lehrerin fragt, wer in der Pause Saft im Klassenzimmer verschüttet hat. Du warst es.
Erzählst du es?

Eine Frage für die Neun- bis Zwölfjährigen
Du hast auf dem Bürgersteig gerade vor der Schule fünfzig Mark gefunden.
Was machst du mit dem Geld?

Eine Frage für die Teenager
Dein Freund hat eine Kopie der Lösungen für die Mathearbeit morgen und bietet dir an, sie dir zu leihen.
Nimmst du sie? Warum? Warum nicht? Was sagst du zu deinem Freund?

DIE DRITTE LEBENSREGEL
Fairneß

Ein weiser alter Richter wurde einmal gebeten, den Streit zwischen zwei Brüdern über eine gerechte Teilung des großen Besitzes, den sie von ihrem Vater geerbt hatten, zu schlichten.

Der Richter entschied: »Ein Bruder soll den Besitz teilen, und der andere Bruder soll die erste Wahl haben.«

In einem viel geringfügigeren Zusammenhang gebrauchte meine Mutter dasselbe System, um zwischen meiner Schwester und mir Gerechtigkeit zu schaffen, als wir klein waren. Sie nannte es die »Schokoriegelregel«. Wenn wir über die Zuteilung von einem Schokoriegel stritten, von dem wir beide etwas haben sollten, dann erklärte meine Mutter, einer solle den Riegel teilen, und der andere solle auswählen, welche Hälfte er wolle.

Lohn der Fairneß

Im Alter von zwei oder drei Jahren reagieren Kinder heftig, wenn sie das Gefühl bekommen, ihre Rechte und ihr Sinn für Fairneß und Gerechtigkeit seien in Gefahr.

Zu Hause, auf dem Spielplatz oder in der Schule hört man Kinder oft ausrufen: »Das ist nicht fair!«

Als natürliche Schützer ihrer eigenen Rechte können Kinder auch lernen, dieselben moralischen Regeln von anderen einzufordern.

Sie können Ihren Kindern zeigen, was fair und gerecht ist. Aber die Aufgaben moderner Eltern sind nicht so leicht, wie sie scheinen oder wie sie einmal waren. In einer Gesellschaft, in der so viele verschiedene Definitionen, so viele Interessenkonflikte und so viele entgegengesetzte Bedürfnisse herrschen – wie sollen Sie und Ihre Kinder da noch wissen, was gerecht, was fair, was richtig ist?

Um ihnen zu helfen, können Sie diese Geschichte erzählen:

Ein junger Mann klingelte an der Tür einer Frau und fragte, ob sie etwas von den wundervollen Erdbeeren kaufen wolle, die er gerade vom Feld seines Vaters gepflückt hatte.

»Gern«, sagte die Frau, »ich würde gern etwas von Ihren frischen Beeren kaufen. Ich nehme einfach den Korb mit hinein und wäge mir zwei Pfund ab.«

Der junge Mann stand im Eingang und begann, mit dem Hund der Frau zu spielen.

»Möchten Sie nicht mitkommen und darauf achten, daß ich richtig wiege?« fragte die Frau. »Woher wollen Sie

Bekannte Spiele wie Schach, Mühle, Monopoly, Scrabble und viele mehr helfen Ihren Kindern, bestimmte Fertigkeiten zu erlangen. Aber vor allem können sie benutzt werden, um grundsätzliche Werte zu vermitteln.

Wenn Sie mit Ihren Kindern Gesellschaftsspiele spielen, dann schenken Sie ihnen etwas von Ihrer Zeit. Und Sie haben ein angstfreies und spielerisches Mittel an der Hand, um ihnen zu zeigen, wie man sich ehrlich verhält und fair spielt, und das sind sehr wertvolle Lektionen im »Spiel des Lebens«.

wissen, daß ich Sie nicht betrüge und mehr als zwei Pfund nehme?«

Der junge Mann antwortete: »Davor habe ich keine Angst, denn dann würden Sie den schlechteren Kauf machen.«

»Den schlechteren Kauf machen?« fragte die Frau. »Wie könnte das sein? Was meinen Sie damit?«

Der junge Mann sagte: »Wenn Sie mehr Erdbeeren nehmen als die zwei Pfund, die Sie bezahlen, dann verliere ich nur die Beeren. Aber Sie machen sich selbst zur Lügnerin und Diebin.«

Ethisches Verhalten setzt voraus, daß wir uns für Gerechtigkeit und für gleiche Bedingungen für alle einsetzen, auch wenn es uns selbst in persönliche Konflikte oder weniger angenehme Situationen bringt.

Als Junge war ich im Fußballverein. Unser Verein konnte sich keine professionellen Schiedsrichter leisten, und so wechselten sich unsere Väter dabei ab, Schiedsrichter zu sein. Es war ein ungeschriebenes Gesetz, daß ein Vater nicht Schiedsrichter sein konnte, wenn sein Sohn mitspielte. Aber manchmal ließ sich das einfach nicht vermeiden, und Vater und Sohn landeten gemeinsam auf dem Spielfeld.

Eines Tages sah ich meinen Vater im schwarzen Trikot auf den Platz kommen. Zunächst war mir das peinlich, sicher eine typische Reaktion für einen zwölfjährigen Jungen. Aber dann wurde ich zuversichtlich. »He«, rief ich meinen Mannschaftskameraden zu, »unser Spiel ist gemacht, mein Vater wird uns nicht verlieren lassen, er weiß, wieviel mir dieses Spiel bedeutet.«

Irgendwo in meinem Hinterkopf hatte ich abgespeichert, was uns unser Hebräischlehrer beigebracht hatte, wenn es um die Zeile »Dein Vater ist dein Richter« ging. Er sagte, das bedeute, daß dieser einen mit Sanftmut und Gnade behandeln würde. Leider hatte ich vergessen, daß mein Hebräischlehrer auch gesagt hatte, daß, wenn dein Vater dein Richter ist, er dich absolut unparteiisch behandeln müsse, damit er nicht der Parteilichkeit beschuldigt würde. Und vor allen Dingen hatte ich vergessen, was für ein ehrlicher Mann mein Vater ist.

Ich schoß in dieser ganzen Saison nur zwei Tore: einmal im allerersten Spiel und einmal, als mein Vater, der Schiedsrichter, mich hinterher beschuldigte, den Ball mit der Hand berührt zu haben.

»Wie konntest du mir das antun?« weinte ich an diesem Abend zu Hause. »Du hast mich vor der ganzen Mannschaft, vor allen Spielern lächerlich gemacht. Es war nicht einmal ein gutes Tor, viel zu hoch geschossen!«

Als Antwort erzählte mein Vater mir die folgende Geschichte:

Es war einmal ein Richter in einer kleinen Stadt, in der es nur zwei Richter gab. Eines Tages brach die Frau des Richters in lautes Geschrei aus, denn sie glaubte, ihr Zimmermädchen – ein armes Waisenkind – habe einen wertvollen Gegenstand aus dem Haus gestohlen.

Das erschrockene Mädchen wies den Vorwurf vehement von sich, aber die Frau des Richters sagte: »Wir werden das vor Gericht klären.«

Als der Richter vom Plan seiner Frau hörte, zog er sofort seinen besten Anzug an.

»Warum ziehst du deinen guten Anzug an?« fragte seine Frau. »Du weißt sehr wohl, daß es unpassend wäre, wenn du mich vor das Gericht begleiten würdest. Ich kann sehr gut für mich selbst sprechen.«

»Ich bin sicher, daß du das kannst«, antwortete der Richter. »Aber wer wird für dein Zimmermädchen, die arme Waise, sprechen? Ich gehe mit zum Gericht, um zu sehen, daß alles gerecht zugeht.«

Zugegeben: Es ist gar nicht immer einfach, fair zu sein und fair zu spielen, gerecht zu sein und Gerechtigkeit walten zu lassen!

TIP NUMMER 11
FLUCHEN SIE NICHT ÜBER DEN
SCHIEDSRICHTER

*Wenn Sie ein Sportereignis besuchen, vor allem eines, an
dem Ihre Kinder teilnehmen, dann sollten Sie so gut es geht
versuchen, nicht über den Schiedsrichter oder Wettkampf-
richter zu schimpfen.*

*Es ist sicher nicht einfach, dort auf dem Spielfeld zu stehen
und unter den Blicken aller Zuschauer blitzschnell Entscheidungen zu fällen. Es ist sicher nicht leicht, immer zu
wissen, daß in jedem solchen Moment wenigstens die Hälfte
der Spieler und womöglich alle Fans dieser Partei auf der
Tribüne vor Wut rasen. Um Schiedsrichter zu sein,
braucht man ein gutes Selbstbewußtsein und ein sicheres Bekenntnis zu Fairneß und Gerechtigkeit.*

*Wenn Sie Ihre Gefühle im Zaum halten, dann lehren Sie
Ihre Kinder, vor dem individuellen menschlichen Wesen,
das der Schiedsrichter ist, Respekt zu zeigen. Sie bringen ihnen Zurückhaltung und Selbstkontrolle bei und den guten
Willen und den Anstand, den sie auch sonst in ihrem Leben brauchen werden.*

Gleichheit für alle

Gerecht zu handeln bedeutet allerdings mehr, als nur das
zu tun, was richtig und fair ist. Um Gerechtigkeit zu
schaffen, muß man auch aktiv daran mitarbeiten, Fal-
sches richtigzustellen, Demütigungen auszugleichen, für

die guten Anliegen zu kämpfen und mehr Menschlichkeit in diese nicht allzu perfekte Welt zu bringen.

Wenn Sie Ihren Kindern zeigen können, daß alle Menschen gleich geschaffen sind und jeder Mensch gleich viel Wert und Würde hat, dann werden Sie den folgenden Fehler nicht machen:

Der Priester einer vornehmen Gemeinde hatte den Hilfspfarrer dazu bestimmt, nach dem sonntäglichen Kirchgang die Mitglieder der Gemeinde an der Tür zu begrüßen.

Sein Bischof überzeugte ihn schließlich, selbst mit den Gläubigen zu sprechen, indem er ihn fragte: »Sind Sie sicher, daß Sie alle Mitglieder Ihrer Gemeinde kennen?«

Gleich am folgenden Sonntag stand der Priester selbst nach dem Gottesdienst an der Tür der Kirche. Die erste Person, die die Kirche verließ, war eine Frau in einfachen Kleidern, die irgendwie nicht in die Nachbarschaft zu passen schien.

»Wie geht es Ihnen?« fragte der Pfarrer. »Herzlich willkommen. Wir freuen uns, Sie heute bei uns zu haben.«

»Danke sehr«, antwortete die Frau etwas verwirrt.

»Ich hoffe, daß wir Sie oft in unserem Gottesdienst sehen werden. Wir freuen uns immer über neue Gesichter.«

»Ja, Herr Pfarrer.«

»Leben Sie in dieser Gemeinde?«

Die Frau schien nach Worten zu ringen.

»Wenn Sie mir Ihre Adresse geben, werde ich Sie gern einmal aufsuchen«, sagte der Pfarrer freundlich.

»Da werden Sie nicht weit gehen müssen«, antwortete die Frau, »ich bin Ihre Köchin.«

Genau hinsehen

Wie unfair es ist, Menschen an ihren äußeren Erscheinungen zu messen, und wie leicht man sich dabei täuscht und Vorurteilen aufsitzt, zeigt folgende Anekdote:

Ein älteres Ehepaar wurde einmal Charles Eliot, dem Präsidenten des Harvard College, der bedeutendsten Universität der Vereinigten Staaten, vorgestellt.

Die Eheleute sagten: »Wir wüßten gern mehr über Ihr College, denn wir beabsichtigen zur Erinnerung an unseren Sohn, der im Krieg gefallen ist, eine Summe Geld zu spenden.«

Eliot schaute den Mann und seine Frau an, die beide recht einfach gekleidet waren und nicht sehr weltmännisch und intellektuell aussahen. Er hatte das Gefühl, daß die Spende von diesen einfachen Menschen wohl nicht sehr bedeutend sein könne, und deshalb opferte er ihnen nur ein paar Minuten seiner Zeit.

Das Ehepaar aber fühlte sich sehr kurz abgefertigt und beschloß daraufhin, sein Geld nicht an Harvard zu geben. Statt dessen gingen die beiden mit ihrem Vermögen auf die andere Seite der USA, nach Kalifornien. Dort gründeten sie in der Nähe von San Francisco eine Universität, die sie nach ihrem geliebten Sohn Leland Stanford benannten. Die Stanford University gehört bis heute zu den renommiertesten und bekanntesten Universitäten der Vereinigten Staaten. Man nennt sie auch »Harvard des Westens«.

So lehrt auch ein altes rabbinisches Sprichwort: »Schaue nicht auf die Verpackung, sondern lieber auf das, was darin ist.«

Unsere Regeln werden auch auf uns selbst angewendet

Zur Fairneß gehört auch die Fähigkeit, andere Menschen in ihrer Andersartigkeit zu tolerieren.

Es war einmal ein Meister, der vom Volk als ein wahrer Gottesmann verehrt wurde. Jeden Tag kamen viele Menschen an seine Tür, um sich Rat zu holen, geheilt zu werden oder um den Segen des weisen Mannes zu erhalten. Wo immer der Meister sprach, sogen die Menschen seine Worte förmlich auf. Es gab allerdings einen Mann in der Stadt, der dem Meister in allem widersprach. Er kritisierte jeden Rat, den er gab, und machte sich über die Menschen lustig, die zu ihm pilgerten.

Die Schüler des Meisters mochten diesen Mann überhaupt nicht, denn er war kämpferisch und griff ihren Weisen unablässig an.

Eines Tages starb dieser Mann plötzlich und unerwartet. Jeder in der Stadt atmete insgeheim auf. Während die Leute äußerlich traurig wirkten, waren sie in ihrem Innern doch glücklich darüber, daß dieser negative Geist nicht länger da war, um sich über ihren Meister lustig zu machen.

Deshalb waren die Menschen ehrlich erstaunt, als sie auf dem Begräbnis des Mannes ihren Meister weinen sahen. Einer der Schüler fragte: »Meister, weint Ihr über das ewige Schicksal des Verstorbenen?«

»Nein«, antwortete der Meister, »warum sollte ich um unseren Freund weinen, der schon im Himmel ist? Ich weine um meinetwillen.

Dieser Mann war der beste Freund, den ich hatte. Jeden Tag bin ich von Menschen umgeben, die mich verehren und jedes Wort akzeptieren, das ich sage. Er war der einzige, der mich je herausgefordert hat. Ich fürchte, daß nun, da er gegangen ist, ich aufhören werde zu lernen und zu wachsen.«

Die Würde des anderen

Faires Verhalten heißt, nicht zuzulassen, daß andere Menschen vor unseren Augen in Verlegenheit gebracht oder beschämt werden.

Am Sabbatabend pflegten die Schüler des Rabbi Zev Wolf ihre Gespräche immer mit gesenkter, leiser Stimme zu führen, um den heiligen Mann nicht zu stören, der tief in Gedanken versunken war.

Es war Sitte im Hause von Zev Wolf, daß jedermann zu jeder Zeit kommen, sich an den Tisch setzen und am Sabbatmahl teilnehmen konnte.

Eines Tages kam ein Mann, den die anderen als einen Menschen mit schlechten Manieren kannten, und setzte sich an Rabbi Zev Wolfs Tisch. Wie es Sitte war, wurde ihm Platz gemacht, und er wurde zur Mahlzeit eingeladen.

Nach einer Weile zog dieser Mann einen großen Rettich aus seiner Tasche, schnitt ihn in ein paar Stücke und begann, ihn genießerisch schmatzend zu verzehren.

Die anderen Teilnehmer der Mahlzeit konnten ihre Ablehnung kaum unterdrücken. »Sie Vielfraß«, raunten sie

TIP NUMMER 12
MACHEN SIE EINE KISSENSCHLACHT

Eine Kissenschlacht kann noch besser dazu dienen, Ihren Kindern Fair play beizubringen, als Gesellschaftsspiele. Kissenschlachten sind nicht nur etwas für Jugendliche im Zeltlager, sie sind großartig geeignet für Eltern und Kinder. Ihre Kinder werden sich schnell die »Regeln der Schlacht« und die Grenzen dessen, was erlaubt ist und was nicht, aneignen. Sie werden lernen, was fair und was ein Foul ist. Sie werden erkennen, daß einen Gegner zu haben keineswegs auch heißt, einander feind zu sein. Sie werden lernen, für ihre Interessen zu »kämpfen« und die Versuche ihrer »auserwählten Herausforderer« zu respektieren. Sie werden hart spielen können, aber doch sanft genug, um niemanden zu verletzen.

Lassen Sie die Federn oder die Schaumstoffteilchen fliegen, und lassen Sie Ihre Kinder die beste und oft auch härteste Lektion des Lebens lernen – in ihren eigenen Betten.

dem Mann zu, »wie können Sie es wagen, diesen heiligen Tisch mit Ihren Wirtshausmanieren zu entweihen!«

Obwohl sie leise sprachen, bemerkte Zev Wolf doch bald, was vor sich ging.

Der Rabbi schaute auf und sagte: »Also, ich weiß wirklich nicht warum, aber heute habe ich einen Heißhunger auf Rettich. Gibt es vielleicht jemanden hier, der mir einen besorgen könnte?«

Der Rettichesser lief voller Freude und Glück zum Rabbi und bot ihm ein Stück von seinem Rettich an, den Zev Wolf mit großem Genuß aß.

Rabbi Zev Wolf verstand die Lehre des Talmud, die auch Ihre Kinder verstehen werden, nämlich daß, »wer einen anderen in der Öffentlichkeit beschämt, wie jemand ist, der Blut verschüttet«.

Wie schwer es ist, großmütig und tolerant zu sein, davon erzählt die jüdische Tradition.

Abraham lud einen Reisenden in sein Zelt zum Essen ein. Kaum saß der Gast, als er auch schon anfing, Abrahams Gott zu beleidigen.

Zornig wies Abraham den Fremden aus dem Zelt. Und in seinem abendlichen Gebet sagte er zu Gott:

»Heute habe ich Deine Ehre und Deinen Ruhm verteidigt, indem ich einen Gast, der Dich beleidigte, fortschickte!« Gott antwortete: »Dieser Mann beleidigt mich seit fünfzig Jahren, und trotzdem habe ich ihm jeden Tag zu essen gegeben. Hättest du es nicht wenigstens eine Mahlzeit lang mit ihm aushalten können?«

Intoleranz ist die Wurzel von Vorurteilen und Diskriminierung von Rassen, Religionen, Herkunft oder Alter; deshalb ist es so wichtig, daß wir unseren Kindern von klein auf mitgeben, daß alle Menschen von Geburt an gleich sind und gleiche Rechte haben. Vorurteile prägen unser Denken, unsere Erwartungen und – leider – schließlich auch unsere Erfahrungen. Auf diese Weise nehmen wir uns selbst viel von der Freude am Leben!

Ein Bauer arbeitete einmal auf dem Feld, als ein Fremder auf ihn zukam. Der Reisende fragte: »Was für Menschen leben in der nächsten Stadt?«

Der Bauer antwortete mit einer Frage: »Was für Menschen leben in der Stadt, aus der Sie gerade kommen?«

»Sie waren schrecklich«, sagte der Reisende, »unfreundlich, selbstsüchtig und intolerant. Ich bin froh, von ihnen fort zu sein.«

Der Bauer schaute auf und sagte: »Es tut mir leid, sagen zu müssen, daß dies genau das ist, was Ihnen wohl auch in der nächsten Stadt begegnen wird.«

Etwas später am selben Tag traf der Bauer einen weiteren Fremden. »Was für Leute«, fragte auch dieser, »leben in der nächsten Stadt?«

Wieder antwortete der Bauer mit derselben Frage: »Was für Leute leben in der Stadt, aus der Sie gerade kommen?«

»Oh«, sagte der Reisende, »sie waren aufmerksam, freundlich und nett. Ich bin nur ungern von ihnen fortgegangen.«

»Ja«, sagte der Bauer, »es freut mich, Ihnen sagen zu können, daß dies genau das ist, was Sie auch bei den Menschen in der nächsten Stadt finden werden.«

Es kommt auf Sie an

Oft scheint es sinnlos, in einer Welt der Gewalt und Ungerechtigkeit für Fairneß, Gerechtigkeit und Toleranz eintreten zu wollen. Wir brauchen nur einmal am Tag Nachrichten zu hören! Trotzdem bleibt uns wider die

Resignation nur die Hoffnung, daß trotz allem das Verhalten des einzelnen etwas bewirken kann.

Um uns selbst und unsere Kinder in diesem Glauben zu unterstützen, können wir von Mahatma Gandhi erzählen, der die Welt mit moralischer Überzeugungskraft veränderte. Erinnern Sie sie an Martin Luther King, der einem ganzen Volk seine Würde zurückgab. Und berichten Sie von Nelson Mandela, der jahrzehntelang wegen seiner Opposition gegen die Politik der Apartheid und die Diskriminierung seiner schwarzen Landsleute im Gefängnis war, und der doch, aus seiner Gefangenschaft entlassen, still und ohne Gewalt die Unterdrückung überwand, die Apartheid zu besiegen half und Präsident seines Volkes wurde.

Oder erzählen Sie von Adam, dem kleinen Sohn meiner Freunde Steve und Barbara.

Als Adam neun Jahre alt war, besuchte er eine Schule, die einen großen Rasen auf der einen Seite des Schulgebäudes hatte. Das war kein richtiger Sportplatz, aber den Jungen diente er als idealer Fußballplatz während der freien Stunden. Die Kinder spielten viele Wochen lang, bis eines Tages eine Notiz der Direktorin der Schule das Fußballspielen auf der Wiese untersagte. Die Direktorin hatte Sorge, daß sich einer der Schüler an dem großen Laternenmast aus Beton, der in der Mitte des Rasens stand, verletzen könnte.

Adam war wütend! Das Spiel in den freien Stunden war ihm und seinen Freunden sehr wichtig. Niemand hatte sich je an dem Laternenmast verletzt, seine Freunde und er waren geschickt genug, sich von ihm fernzuhalten. Die Direktorin war nicht fair!

Adam schritt zur Tat. Er verfaßte eine schriftliche Erklärung und ließ alle seine Klassenkameraden eine Bittschrift an die Direktorin und die Mitglieder des Lehrerkollegiums unterzeichnen, in der sie darum baten, weiter Fußball spielen zu dürfen. Er wurde eingeladen, vor der Gesamtkonferenz zu sprechen, wo er seinen Standpunkt klar und deutlich vertrat.

Die Direktorin und die Teilnehmer der Konferenz waren von Adams Bittschrift und seinem Vortrag so beeindruckt, daß sie beschlossen, das Fußballspielen wieder zu erlauben. Um die Gefahr einer möglichen Verletzung zu beseitigen, wurden Polster angeschafft, mit denen man den Laternenpfahl umwickelte.

Obwohl er nicht eine Nation gerettet oder für eine Gruppe von Menschen gleiche Rechte erkämpft hat, hat der kleine Adam doch schon die Hingabe und den Mut bewiesen, den man braucht, um für eine Sache einzutreten.

Und er hat gezeigt, daß auch ein Mensch allein durchaus etwas ausrichten kann.

Auf seine Weise hat er auch verstanden, daß, wenn man sich für die Rechte der Menschen einsetzt, es nicht darauf ankommt, »die Arbeit zu vollenden, sondern anzufangen«.

Gemeinsame Ziele

Sicher gibt es vieles, was uns als Individuen unterscheidet, aber es gibt dennoch viel mehr, was uns als Menschen verbindet.

Kindern ist das oft bewußt, ohne genau zu verstehen, warum.

Zwei kleine Mädchen, eine Jüdin und eine Christin, waren die besten Freundinnen.

Nach Weihnachten wurde das Christenmädchen von ihrem Großvater gefragt, was denn ihre beste Freundin zu Weihnachten geschenkt bekommen habe.

Das Mädchen antwortete: »Sie hat nichts geschenkt bekommen. Weißt du, ich bin Weihnachten, und sie ist Chanukka. Ich bin Ostern, und sie ist Passah.«

Dann fügte sie mit einem breiten Lächeln hinzu: »Aber wir sind beide Erntedank.«

TIP NUMMER 15
STELLEN SIE DEN FERNSEHER AN

So geisttötend das Fernsehen sein kann, so sehr kann es auf der anderen Seite Kindern die Tür zu neuen Welten öffnen. Mit Bedacht und Überlegung genutzt, kann das Fernsehen Kenntnisse vermitteln, Zusammenhänge erhellen und anregen.

Dank der modernen technischen Möglichkeiten können Kinder Orte sehen, wo sie vielleicht ihr Lebtag nicht hinkommen, können von Menschen lernen, die sie nie treffen würden, und hören von Dingen und Ideen, die ihnen sonst vielleicht für immer verschlossen blieben.

Gute Fernsehsendungen können Kinder mit den kreativen Möglichkeiten des Menschen und seinen wichtigsten Errungenschaften vertraut machen.

Suchen Sie mit Ihren Kindern einige interessante Sendungen aus dem Programm – den vielen Programmen, die uns überfluten – aus, und schauen Sie sie gemeinsam an, so daß Sie auch darüber sprechen können.

In euren Händen

In einem fernen Königreich passierte es vor langer, langer Zeit, daß die Wache des Königs einen armen Bettler auf der Straße festhielt.

Der Bettler sah sogleich an dem Gesicht der Wache, daß er Schwierigkeiten bekommen würde.

Der Wächter hielt seine Hände, als ob er etwas Kostbares darin habe, das sich bewegte und versuchte zu fliehen.

»Was denkst du, was ich in meiner Hand habe?« fragte der Wächter den Bettler.

Der Bettler war nicht dumm, und außerdem sah er eine kleine Feder zwischen den Fingern des Wächters heraus-schauen. »Das ist offensichtlich«, antwortete der Bettler, »Ihr habt einen kleinen Vogel in euren Händen.«

»Ah, du hast recht«, sagte der Wächter. »Aber sage mir, lebt der Vogel oder ist er tot? Sage mir die richtige Antwort, und du bist frei. Sagst du das Falsche, dann werde ich dich in das Gefängnis des Königs werfen lassen, wo du einige Zeit verbringen wirst.«

Dem Bettler war klar, daß er in Schwierigkeiten war.

Sagte er, der Vogel sei tot, so würde der Wächter einfach seine Hände öffnen und das Tier wegfliegen lassen. Sagte er aber, daß der Vogel lebte, dann konnte der Wächter ihn leicht zwischen seinen Händen zerquetschen. In jedem Fall würde der Bettler die falsche Antwort geben und ins Gefängnis müssen.

Da ihm das Gefängnis nicht erspart werden würde, dachte der Bettler kurz daran zu sagen, der Vogel sei tot, denn dann würde wenigstens das Leben des Vögelchens gerettet.

Aber der Bettler war klüger.

Er wußte, daß es einen Weg geben mußte, einerseits fair gegenüber dem kleinen Vogel zu sein, der nicht ungerecht sterben sollte. Und er wollte andererseits zugleich sich selbst gegenüber fair sein und nicht unschuldig ins Gefängnis gehen müssen.

Also sagte er zu dem Wächter: »Ihr fragt mich, ob der Vogel tot oder lebendig sei. Die Antwort ist in eurer Hand. In eurer Hand.«

FRAGEN ZUM THEMA FAIRNESS,
DIE SIE MIT IHREN KINDERN DISKUTIEREN KÖNNEN

Eine Frage für die Vier- bis Achtjährigen
Im Kindergarten beschuldigt dich eines der Kinder immer, zu lange die Schaukel zu besetzen.
Was antwortest du? Was tust du?

Eine Frage für die Neun- bis Zwölfjährigen
In eurem Klassenschrank fehlen zwölf Malstifte. Euer Lehrer sagt, daß, wenn niemand sich zu dem Diebstahl bekennt, alle in der Klasse bestraft werden. Du weißt, wer die Stifte genommen hat.
Was tust du?

Eine Frage für die Teenager
Dein bester Freund hat bei der schriftlichen Führerscheinprüfung betrogen, ist aber nicht erwischt worden und hat seinen Führerschein bekommen. Du hast Angst, daß sein mangelhaftes Wissen um die Verkehrsregeln nicht nur seine Sicherheit, sondern auch die anderer Menschen gefährden wird.
Was tust du?

Die vierte Lebensregel
Verantwortungsbewußtsein

*Als ich klein war, konnte fast jeder Junge – und viele Mäd-
chen – in Amerika jeden Spieler des Baseballteams seiner
Stadt benennen.*

*Wir kannten die Positionen, auf denen sie spielten, ihre
Rückennummern und ihre Erfolge beim Schlagen. Wir
wußten von ihrer Bedeutung für das Team, und manchmal hatten wir sie sogar schon gesehen, denn außerhalb der
Saison traf man sie in der Stadt, wo sie Autogrammstun-
den für ihre Fans gaben.*

*Den Pokal zu gewinnen war alles. Das heimatliche Team
war das wichtigste, und alle, Spieler, Manager, Trainer,
Fans, arbeiteten auf das gemeinsame Ziel hin. Der Sieg
brachte kollektiven Stolz und Freude mit sich. Eine Niederlage bedeutete tiefe Enttäuschung.*

*Wenn ein beliebter Spieler unserer Mannschaft an ein ande-
res Team verkauft wurde, dann war das ein Trauertag
für die ganze Stadt, denn wir spürten, daß jemand unser
Team, unsere Familie verließ.*

*Zu Beginn der siebziger Jahre wurde das »freie Anbieten«
erlaubt, das hieß, daß ein Spieler sein Können an die
Mannschaft verkaufen durfte, die den höchsten Preis bot.
Das veränderte die Welt des Baseballs für immer.*

*Nun wechselten die Spieler so oft das Team wie ihre
Socken. Es schien ihnen nicht mehr wichtig zu sein, ob die*

Mannschaft gut war, ob sie gewann, in welcher Stadt sie spielten. Statt dessen kümmerten sie sich um ihre persönlichen Verdienste und die Statistik, die sie als einen guten Spieler auswies, der, sobald sein Vertrag auslief, in einer anderen Stadt und bei einer anderen Mannschaft mehr Geld verlangen konnte.

Anstatt einer Teamsportart, in der alle Beteiligten für das gemeinsame Ziel der Mannschaft kämpfen, ist das professionelle Baseball zu einer Ansammlung von lose verbundenen, individuellen Spielern geworden, die alle nur auf ihren eigenen Vorteil bedacht sind.

Für sportbegeisterte Kinder heißt das:

Ihre Helden verlassen sie ohne Vorwarnung. Ihre Vorbilder verschwinden aus rein egoistischen Gründen.

Auf wen können sie noch zählen? Auf wen können sie sich noch verlassen?

Vom »Wir« zum »Ich« –
und »nicht ich«

In den fünfziger und sechziger Jahren konzentrierte man sich in den meisten Ländern noch darauf, Gemeinschaften aufzubauen, von den engverbundenen dörflichen Gesellschaften bis zu den Städten und wieder zu den Vororten der Städte. Immer noch kannte man seinen Nachbarn, saß gemeinsam auf der Terrasse und feierte gemeinsam.

Zu Beginn der siebziger Jahre traten große Veränderungen ein. Mit der Anonymität der großen Städte verwandelte sich Gemeinschaftssinn in Individualismus und machte oft genug Platz für Egoismus.

Die Worte des Psychotherapeuten Fritz Perls demonstrieren dies: »Ich kümmere mich um meine Sache und du dich um deine. Ich bin nicht auf dieser Welt, um deine Erwartungen zu erfüllen. Und du bist nicht hier, um meine Erwartungen zu erfüllen. Du bist du, und ich bin ich. Wenn wir uns zufällig finden, dann wäre das herrlich. Wenn nicht, dann kann man das nicht ändern.«

Heute sehen wir immer wieder Menschen, die sich weigern, Verantwortung für ihre Handlungen zu übernehmen, die die Konsequenzen ihres Tuns nicht tragen wollen, geschweige denn daran denken, welche Konsequenzen ihr Verhalten für andere hat.

»Ich habe keine Schuld. Das ist nicht mein Problem«, hören wir wieder und wieder. »Ich habe das getan, weil ich unterprivilegiert / überprivilegiert bin. Ich wurde diskriminiert. Ich wurde als Kind mißbraucht, mir wurde als Erwachsenem übel mitgespielt. Ich habe jemand an-

Tip Nummer 15
Gehen Sie wählen

Es mag simpel klingen, aber es ist wahr: Wählen zu können ist eines der größten Privilegien, eine der größten Freiheiten, die Sie haben. Sie wählen Ihre Vertretung im Parlament und beeinflussen so die Politik, die Sie betrifft. Nehmen Sie Ihre Kinder ins Wahllokal mit, damit sie sehen, wie Sie Ihr Recht ausüben. So zeigen Sie ihnen gelebte Demokratie und vor allem, was es bedeutet, aktiv am Schaffensprozeß und der Erhaltung einer Gemeinschaft teilzunehmen. Sie können Ihren Kindern einen Sinn für Verantwortung vermitteln, wenn Sie sich um die Menschen kümmern, mit denen Sie zu tun haben, und wenn Sie Beziehungen in gegenseitigem Vertrauen aufbauen und pflegen.

derem vertraut, ich konnte nie jemandem vertrauen. Ich bin betrogen, ausgenutzt worden durch meine Mutter, meinen Vater, mein Kind, meinen Ehegatten, Partner, Arzt, Anwalt, Berater, Therapeuten, durch die Regierung. Ich nicht! Ich bin nicht verantwortlich. Ich bin nicht der Täter, sondern das Opfer.«

Sind wir nicht allzu harsch in der Beurteilung anderer und allzu nachgiebig mit uns selbst?

Wie können wir erwarten, daß unsere Kinder irgendeine Verpflichtung gegenüber anderen Menschen fühlen, wenn wir Erwachsenen so auf uns selbst konzentriert sind?

Wie können wir erwarten, daß unsere Kinder Sinn für gemeinschaftliche Verantwortung haben, wenn wir selbst so egoistisch sind?

Jammern hilft wenig

Natürlich kann man beklagen, daß sich unsere Gesellschaft nie mehr in ihrer früheren Form wird wiederherstellen lassen. Aber damit wird man nur selbst zu einem Teil des Problems, anstatt zu seiner Lösung beizutragen.

Es ist an uns

In Afrika sagt man, daß ein ganzes Dorf dazu nötig sei, ein Kind aufzuziehen. In China wird ein Patient, wenn er aus der Psychiatrie entlassen wird, nicht sich selbst überlassen. Vielmehr wird er in die Fürsorge seiner Familie und Freunde gegeben, die Verantwortung für seine Wiedereingliederung in die Gesellschaft übernehmen.

Der Dichter John Donne bemerkte ganz richtig: »Niemand ist eine Insel.« Wir Menschen leben seit Anbeginn der Menschheit in der Gruppe, dem Clan, dem Stamm. Das hat unser Überleben gesichert und uns geprägt. Wir teilen unser Wissen, unsere Erfahrung und unsere Kraft, wir lernen gemeinsam. Es ist besser für uns, mit anderen zusammen als allein zu sein.

Einzelne Stöcke werden leicht zerbrochen. Hält man jedoch viele Stöcke zusammen, dann werden alle Teil eines Bündels, das sich nicht so leicht brechen läßt.

Eine Gemeinschaft aufbauen

Ein weltberühmter Dirigent sollte einmal ein Konzert mit einem der bekanntesten Symphonieorchester Europas aufführen.

Bei der Probe am Tag vor der Aufführung versuchte der Dirigent den Orchestermitgliedern eine neue Interpretation des Stückes nahezubringen. Die Blechbläser wurden angehalten, lauter und kraftvoller zu spielen als zuvor. Die Schlagzeuger sollten einen härteren Rhythmus anschlagen und die Streicher ihren Klang verstärken.

Dabei konnte die Piccolospielerin kaum mehr hören, was sie selbst spielte. Sie dachte bei sich: »Trotz seiner Berühmtheit scheint der Dirigent nicht zu wissen, was er tut. Meine eigentlich im Vordergrund stehenden Töne können bei dieser Lautstärke gar nicht mehr gehört werden.« Verärgert hörte sie auf zu spielen.

Sofort rief der Dirigent, ganz vertraut auch mit den kleinsten Nuancen des Stückes: »Stopp! Wo ist das Piccolo? Wo ist das Piccolo?«

Es gibt Erfahrungen im Leben, die nicht gemacht werden können, wenn sich nicht alle Mitglieder einer Gemeinschaft voll und ganz auf sie einlassen. Einige der schönsten und wertvollsten Momente des Lebens haben ihren Sinn nur inmitten einer Gemeinschaft. Fragen Sie Ihre Kinder, ob es Spaß macht, eine Geburtstagsparty zu feiern, wenn keiner ihrer Freunde kommen kann. Fragen Sie Ihre älteren Kinder, was eine Abschlußfeier bedeutet, zu der niemand zum Gratulieren kommt. Von klein an brauchen Ihre Kinder ihre eigene kleine Gemeinschaft, um bedeutsame Momente ihres Lebens zu markieren und zu feiern.

Jede kulturelle, religiöse und spirituelle Tradition hat ein Zeremoniell, um Neugeborene willkommen zu heißen und ihnen ihren Namen zu geben. Die heilige Kommunion oder die Konfirmation werden immer im Kreise der Gemeinschaft abgehalten, denn Dinge des Glaubens sind nicht nur privat, sondern sollen von einer Glaubensgemeinschaft, zu der sich das junge Mitglied bekennt, bezeugt werden. Ehen werden in Gegenwart der Gemeinschaft geschlossen, und das junge Paar bittet die Trauzeugen, die öffentliche Erklärung und das Bekenntnis ihrer privaten Liebe zu bezeugen.

Wenn das Leben eines geliebten Menschen vorbei ist, sind es die Mitglieder der Gemeinschaft, die ihn zu seiner

TIP NUMMER 17
MACHEN SIE EIN STRASSENFEST

Auf einem Straßenfest können Sie Ihre Nachbarn kennen-
lernen, und ein Gefühl von Gemeinschaft kann entstehen.
Machen Sie das Fest im Frühling oder im Sommer – jede
Gelegenheit ist recht. Bitten Sie jeden, etwas zu essen oder
zu trinken mitzubringen, die Kinder können für Spiele
sorgen oder einen Flohmarkt organisieren.
Ein gutes Straßenfest, vor allem eines, das zu einer nach-
barschaftlichen, jedes Jahr wiederholten Tradition wird,
kann Isolation, Vorurteile, Ängste abbauen. Statt dessen
entstehen Brücken des guten Willens, geteilter Erfahrungen
und des gegenseitigen Respekts und der Verantwortlichkeit
zwischen Ihnen, Ihren Kindern und Ihren Nachbarn.

letzten Ruhestätte begleiten, auf einem Stück Land, das
von der Gemeinschaft zur Verfügung gestellt und geseg-
net worden ist, und mit Ritualen und Gedenkworten, die
von der Gemeinde gesprochen werden.

Ein gegenseitiges Bekenntnis zueinander schafft den
Raum und die Worte, die persönliche Sehnsüchte und
Hoffnungen in geteilte Verantwortlichkeit und gemeinsa-
me Feierlichkeit verwandeln.

Gegenseitige Verantwortlichkeit ist alles andere als ein
Joch, das eine schwere Last mit sich bringt, sondern ein
wertvoller Vertrag, der Befriedigung schenkt und uns oft
genug glückliche Momente miteinander teilen läßt.

Wie heißt es so schön: »Was ist das schon für ein Klat-
schen, wenn nur eine Hand sich rührt?«

Zwei Freunde waren im Ruderboot auf dem See unterwegs. Einer nahm einen kleinen Handbohrer und begann, ein Loch in den Boden des Bootes zu bohren.

Sein Freund war außer sich: »Bist du verrückt? Was tust du da? Du wirst in den Boden ein Loch machen, das Wasser wird in das Boot laufen, es wird sinken, und wir ertrinken.«

Der Mann mit dem Bohrer antwortete: »Mach dir keine Sorgen, ich bohre ja nur unter meinem Sitz.«

Was der Bohrende vergaß, können Sie Ihren Kindern beibringen: Was einem passiert, passiert allen. Wenn ein Mensch verletzt wird, sind alle verletzt. Wenn einer gewinnt, gewinnen alle.

Es gibt kein größeres Zeugnis für die Notwendigkeit des Zusammenstehens als das von Martin Niemöller. Kurz nach dem Zweiten Weltkrieg, er war gerade dem Konzentrationslager der Nazis entkommen, sagte er:

> Als die Nazis die Kommunisten holten,
> habe ich geschwiegen.
> Ich war ja kein Kommunist.

> Als die Nazis die Sozialdemokraten einsperrten,
> habe ich geschwiegen.
> Ich war ja kein Sozialdemokrat.

> Als die Nazis die Gewerkschafter holten,
> habe ich geschwiegen.
> Ich war ja kein Gewerkschafter.

Als die Nazis mich holten,
gab es niemanden mehr,
der protestieren konnte.

Und eine chinesische Erzählung lehrt: »Eines Tages fiel Chao-chou in den Schnee und rief: ›Hilfe! Hilfe!‹ Ein Mönch kam und legte sich neben ihn. Chao-chou stand auf und ging davon.«

Ein Bekenntnis zur Gemeinschaft und das Verantwortungsgefühl ihr gegenüber bedeutet auch ein Bekenntnis zu sich selbst.

Sie können Ihren Kindern beibringen, daß, was immer man für andere tut, man auch für sich tut. Was für die anderen gut ist, ist auch für uns selber gut.

Wie ein altes Sprichwort sagt: »Wir sind zwar nicht alle mit demselben Schiff gekommen, aber wir sitzen alle im gleichen Boot.«

Für uns selbst

Eine alte Frau wurde anläßlich ihres hundertsten Geburtstages von einem Redakteur der Lokalzeitung interviewt.

»Worauf führen Sie Ihr hohes Alter und Ihre Gesundheit zurück?« wurde sie gefragt.

»Ja«, antwortete die Frau, »ich habe nie so viele Gedanken darauf verwendet. Ich habe immer genug Schlaf bekommen, und wenn ich mich krank fühlte, bin ich gleich zum Arzt gegangen.

Und«, fügte sie schließlich hinzu, »ich habe immer versucht, etwas zu tun zu haben, so wie jetzt bei Miss Sadie.«

Einen Freund, der krank ist, zu besuchen, ist nicht immer einfach und auch nicht immer angenehm, vor allem, wenn er schwer krank ist. Es kann angst machen, jemanden zu sehen, der leidet, es fällt schwer, die richtigen Worte zu finden und die richtigen Dinge zu tun.

Wenn Sie Ihre Kinder zu einem Besuch in der Klinik oder bei einem Kranken zu Hause mitnehmen, dann zeigen Sie ihnen, daß Sie sich um Ihre Freunde kümmern und von ihrer Krankheit betroffen sind. Und Sie zeigen Ihr Verantwortungsgefühl einem anderen Menschen gegenüber, der in Not ist und Ihre Hilfe braucht.

»Miss Sadie?« fragte der Reporter. »Wer ist das?«
»Oh«, sagte die Frau, »das ist eine reizende Dame am Ende meiner Straße. Sie wird nächste Woche 88, und die Arme hat sich vorige Woche die Hüfte gebrochen. Also gehe ich jeden Tag, um nach ihr zu sehen. Gestern habe ich ihr ein paar meiner selbstgebackenen Kekse gebracht. Sie ist eine so nette Frau.«

Übrigens: Die Geschichte dieser alten Frau wird bestätigt durch neuere Untersuchungen, die belegen, daß Menschen, die sich für andere engagieren und sich einer Gemeinschaft (welcher auch immer) verbunden fühlen, eine höhere Lebenserwartung haben. Helfen Sie also Ihren

Es gibt einen einfachen und schmerzlosen Akt der Menschlichkeit, mit dem Sie sich mit Ihren Mitmenschen auf enge und persönliche Art verbinden können:

Wenn Sie beim Roten Kreuz oder im Krankenhaus Blut spenden, dann schenken Sie Hoffnung, Chancen und vielleicht ein Leben.

Nehmen Sie Ihre Kinder mit; sie werden bei dieser Gelegenheit lernen, daß Herkunft, Rasse oder Religion weder beim Spender noch beim Empfänger eine Rolle spielen und daß auf einfache Weise eindrucksvoll geholfen werden kann.

Kindern, Mauern einzureißen und nicht nur Früchte zu ernten, sondern auch Bäume zu pflanzen.

Bitten Sie Ihre Kinder, ihren Platz bei der Schaffung und Formung der menschlichen Gesellschaft einzunehmen, indem Sie diese alte Weisheit an sie weitergeben: »Zusammenzukommen ist ein Anfang. Zusammenzubleiben ist ein Fortschritt. Zusammen zu arbeiten ist der Erfolg.«

Die Steinsuppe

Ein Soldat ritt auf seinem müden Pferd eine entlegene Landstraße entlang. Er war auf dem Heimweg von einer verlorenen Schlacht. Es war schon später Nachmittag, und er war sehr hungrig.

Vor sich sah er ein kleines Dorf und sagte zu sich selbst: »Dort werde ich etwas zu essen bekommen und einen Platz für die Nacht finden.«

Plötzlich strauchelte das Pferd und warf den Soldaten zu Boden. Als er sich abbürstete, sah er, daß das Pferd über einen Stein gestolpert war, der mitten aus der Straße ragte. Mit seinem Schwert grub der Soldat ihn aus und sah, daß es ein wunderschöner Stein war, rund und ganz glatt. Anstatt ihn fortzuwerfen, packte er ihn in seine Satteltasche, bestieg sein Pferd und setzte seinen Weg fort.

Als er in die Stadt kam, legten die Menschen ihre Arbeit beiseite, um ihn anzustarren. Er winkte einigen Dorfbewohnern zu, aber niemand erwiderte seinen Gruß. Beim ersten Haus sah er eine Frau in der Tür stehen. »Guten Abend«, sagte der Soldat, »ich möchte fragen, ob Sie vielleicht etwas zu essen übrig haben für einen hungrigen Mann.«

Die Frau schüttelte ihren Kopf und sprach: »Es tut mir leid, wir haben kaum genug Essen für unsere Familie.«

Der Soldat setzte seinen Weg fort, bis er auf einen Mann traf, der an einem Zaun lehnte. »Haben Sie einen Platz an Ihrem Tisch für einen hungrigen Soldaten?« fragte er. »Wir hatten lange Zeit keinen Regen«, antwortete der Mann, »die magere Ernte hat uns nur wenig gelassen, womit wir unsere Kinder ernähren können.«

Wohin er kam, hörte er dieselbe Antwort. »Es tut uns leid, aber wir können Sie nicht einladen, mit uns zu essen. Wir haben kaum genug für uns selbst.«

Entmutigt und sehr hungrig ließ sich der Soldat unter einem Baum nieder und dachte bei sich: »In ein paar Wochen werden diese Menschen so hungrig sein wie ich jetzt. Es muß einen Weg geben, ihnen zu Essen zu verhelfen.«

Plötzlich hatte er eine Idee. Er griff in seine Satteltasche, holte den Stein hervor und rief: »Meine Damen und Herren, Sie haben Glück, daß ich heute in Ihr Dorf gekommen bin. Hier in meiner Hand halte ich einen ganz besonderen Stein, der Ihnen durch den langen Winter helfen wird. Wenn mir jemand einen großen Kessel bringt, werde ich etwas Wasser heiß machen und allen eine köstliche Suppe bereiten.«

Nur wenige Minuten später brachte jemand einen Kessel. Der Soldat füllte ihn mit Wasser und feuerte ihn an. Sobald das Wasser kochte, ließ er den Stein hineinfallen. Nach einer Weile probierte er die Suppe. »Köstlich!« rief er aus. »Alles, was wir jetzt noch brauchen, ist ein wenig Salz und Pfeffer.«

»Ich habe Salz und Pfeffer«, sagte eine Dorfbewohnerin und lief, beides zu holen.

Kurz danach kostete der Soldat die Suppe erneut. »Herrlich!« rief er. »Jetzt brauchen wir nur noch ein paar Kartoffeln.«

»Ich habe ein paar Kartoffeln in meiner Küche«, sagte eine andere Frau und lief, sie zu holen.

Bald darauf nahm der Soldat wieder einen Schluck von der Suppe. »Wunderbar!« rief er. »Es fehlen nur noch ein oder zwei Karotten.«

»Ich habe einen kleinen Bund Karotten«, sagte einer der Männer und lief danach.

Nach ein paar Minuten probierte der Soldat dann noch einmal die Suppe. »Köstlich!« sagte er. »Wenn wir jetzt noch ein paar Blätter Kohl hätten.«

»Ich habe einen Kohlkopf«, sagte einer der Bauern und holte das Gemüse.

Dann probierte der Soldat noch einmal. »Herrlich!« rief er wieder. »Wenn wir nun noch ein kleines Stück Fleisch hätten, dann würde es ein wirklich schmackhafter Eintopf werden.«

»Ich habe ein Stück Fleisch, das ich extra aufbewahrt habe«, sagte eine Dorfbewohnerin und lief, es zu holen.

Als die Suppe endlich fertig war, war es schon fast dunkel. Die Männer brachten große Tische und Stühle, die Frauen holten Schüsseln und Löffel. Bald aßen alle von der Steinsuppe. Es war die köstlichste Suppe, die sie je gegessen hatten.

Alle lachten und freuten sich, und schon bald holten die Leute ihre Geigen hervor und begannen zu spielen. Alle sangen und tanzten bis in die frühen Morgenstunden.

Am nächsten Tag, als der Soldat reisefertig war, kamen die Dorfbewohner, um sich von ihm zu verabschieden. Als er sein Pferd bestieg, sagte er: »Habt vielen Dank für diesen fröhlichen Abend. Um euch meine Dankbarkeit zu zeigen, schenke ich euch den Suppenstein. Ihr könnt ihn, wann immer Ihr wollt, benutzen, um eine Steinsuppe davon zu kochen.«

Von diesem Tag an erinnerten sich die Bewohner des kleinen Ortes, wenn sie Hunger hatten, immer des Soldaten. Dann nahmen sie den Suppenstein, um sich nochmals die köstlichste Suppe zuzubereiten, die sie je gegessen hatten.

Fragen, die Sie mit Ihren Kindern
besprechen können

Eine Frage für die Vier- bis Achtjährigen
Dein bester Freund lädt dich nicht zu seiner Geburtstags-
party ein.
Wie fühlst du dich? Was sagst du zu deinem Freund?

Eine Frage für die Neun- bis Zwölfjährigen
Einer deiner Klassenkameraden muß der Schule zwei Wo-
chen fernbleiben, weil er sich das Bein gebrochen hat.
Zwar verstehst du dich mit ihm nicht so gut, aber er wohnt
in deiner Nähe. Euer Lehrer hat dich gebeten, ihm die
Hausaufgaben zu bringen und die durchgenommenen
Lektionen zu erklären – jeden Tag, zwei Wochen lang.
Sagst du zu? Warum? Warum nicht?

Eine Frage für die Teenager
Eine Gang terrorisiert einige jüngere Schüler an eurer
Schule, vor allem, indem sie mit Gewalt drohen und so
ein »Schutzgeld« erpressen. Die erpreßten Kinder haben
wirklich Angst und weigern sich, die Identität ihrer Pei-
niger preiszugeben.
Der Schuldirektor bittet dich und fünf deiner Freunde,
herauszufinden, wer die Mitglieder der Gang sind, und
ihre Namen mitzuteilen.
Gehst du auf die Bitte des Direktors ein? Warum? Warum
nicht?

DIE FÜNFTE LEBENSREGEL
Mitgefühl

Irving Cramer, der Vorsitzende von MAZON, einer jüdischen Organisation, die Geld sammelt und verteilt, um hungernden Menschen zu helfen, erzählte die folgende Geschichte:

Ich fragte einmal die Kinder in einem Kindergarten: »Wie viele von euch haben heute morgen gefrühstückt?«

Ungefähr die Hälfte der Kinder zeigte auf.

Die Lehrerin fragte diejenigen, die sich nicht gemeldet hatten: »Warum habt ihr heute nicht gefrühstückt?«

Einige sagten, daß sie zu spät aufgestanden seien und die Zeit nicht zum Essen gereicht hätte. Andere erzählten, sie seien nicht hungrig gewesen. Ein paar sagten, daß sie das, was es zu essen gab, nicht gemocht hätten.

Alle Kinder gaben eine Antwort, bis auf einen Jungen.

»Und warum hast du heute morgen nicht gefrühstückt?« fragte ihn die Lehrerin.

»Weil ich nicht dran war«, antwortete er.

»Du warst nicht dran?« fragte die Lehrerin. »Was heißt das?«

»Also«, sagte der Junge, »wir sind fünf Kinder in unserer Familie. Aber wir haben nicht genug Geld, um so viel Essen zu kaufen, daß jeder jeden Morgen frühstücken kann. Wir wechseln uns mit dem Frühstück ab, und heute morgen war ich nicht dran.«

Wir werden gebraucht

Wir leben in einem der reichsten und fortschrittlichsten Länder der Welt.

Dennoch gibt es auch bei uns so viele Menschen in Not: die Obdachlosen, die Alkoholsüchtigen, Drogenabhängigen und sozial Auffälligen, die Geschlagenen und Mißbrauchten, die Armen und Verarmten, die Asylanten, die Schwerkranken und die Schwerbehinderten.

Ganz bewußt nennen wir sie nicht die »Bedürftigen«, denn das würde sie abstempeln und herabsetzen und sie vielleicht zu einem immerwährenden Unglück verdammen. Aber wir, die wir mehr Glück haben und denen es gutgeht, wissen, daß diese Menschen in ebendiesem Moment in Not sind, daß sie verzweifelt Verständnis, Fürsorge und Hoffnung brauchen. Sie brauchen unsere Hilfe.

Zeigen Sie Ihren Kindern, daß es ein Wert ist, den Ruf der anderen zu hören und zu antworten.

Ihr Geld und Ihr Leben

Wieviel Geld Sie auch immer angesammelt haben, es ist doch nur Geld, Papier, Metall oder elektronisch verbuchter Besitz, die in Ihrem inneren Rechenzentrum zu Buche stehen. Geld ist wertlos, solange man nicht etwas damit macht.

Ein Geizhals verbarg sein Gold am Fuße eines Baumes in seinem Garten. Einmal in der Woche grub er seinen Schatz aus und betrachtete ihn stundenlang.

Eines Tages stahl ein Dieb alles Gold. Als der Geizhals

*Wenn Sie freiwillig einmal in der Woche auf Essen ver-
zichten oder einmal in der Woche auf eine Mahlzeit oder
wenn Sie begonnen haben, einmal im Jahr eine Fastenkur
zu machen, dann werden Sie auch verstehen, was es heißt,
auf Essen verzichten zu müssen und dieses Schicksal nicht
frei gewählt zu haben.*

*Für einige Stunden werden Sie und Ihre Kinder, die mit
Ihnen fasten, die Leere empfinden, die der Hungrige jede
Stunde spürt. Sie werden wissen, was es heißt, vor Ver-
langen und Not in Angst zu verfallen.*

*Wenn Sie dem alten indianischen Brauch folgen, »einen
Tag in den Mokassins eines anderen zu gehen«, dann
werden Sie begreifen, wie sehr Hunger – und so viele
andere soziale Mißstände – schmerzen. Sie können sich
dafür entscheiden, den Schmerz und das Leiden der Menschen zu lindern, wo immer Sie es sehen.*

kam, um nach seinem Schatz zu sehen, war alles, was er
fand, ein leeres Erdloch.

Der Mann begann so furchtbar zu weinen, daß seine
Nachbarn herbeikamen, um zu sehen, was mit ihm los
war. Nachdem sie die traurige Geschichte des Mannes
gehört hatten, fragte einer der Nachbarn: »Hast du das
Geld je für etwas gebraucht?«

»Nein«, antwortete der Geizhals, »ich habe es nur einmal
in der Woche angeschaut.«

»Na, dann«, sagte der Nachbar, »hat dir dein Geld ja so viel Gutes getan, daß du ruhig einmal in der Woche kommen kannst, um in das leere Erdloch zu schauen.«

Sie geben Ihr Geld für die Notwendigkeiten und die Annehmlichkeiten des Lebens aus; Sie wollen Sicherheit und Wohlstand für sich und Ihre Familie.

Aber eine kleine Summe sollte übrigbleiben, die Sie nicht für sich und Ihre Familie ausgeben. So fremd das klingen mag, aber nicht alles gehört Ihnen. Ein Teil Ihrer Habe, Ihres Verdienstes ist Ihnen gegeben worden, damit Sie es an die Notleidenden weitergeben.

Natürlich kann man darüber streiten, wie Sie mit Ihrem Geld das Beste erreichen. Einige sind der Ansicht, daß schnelle Hilfe am wichtigsten sei. Diese Unterstützung ist sicher notwendig, denn ein leerer Magen kennt keine Politik und kann nicht auf die Ergebnisse einer weiteren Studie oder einer Regierungskommission warten. Dennoch ist es eine Tatsache, daß, wenn morgen hundert Millionen Mark zur Verfügung stünden, um den Hungrigen Essen zu geben, das Geld nur für zehn Mahlzeiten für jeden Notleidenden reichen würde. Das heißt, Frühstück, Mittag- und Abendessen am Montag, Dienstag und Mittwoch und Frühstück am Donnerstag. Dann wären die hundert Millionen Mark verbraucht, und die Hungrigen wären zu Mittag schon wieder hungrig.

Deshalb, so argumentieren andere, sei es besser, für Forschung, Sozialfürsorge und Erziehungsprogramme Geld auszugeben. Nach dem bekannten Bild, daß man Menschen nicht jeden Tag einen Fisch geben soll, sondern daß man ihnen beibringen muß, wie man fischt, damit sie immer zu essen haben.

Die Argumente beider Seiten sind gewichtig, und die Antwort liegt wahrscheinlich irgendwo in der Mitte. Aber eins ist klar: Es wird viel Geld benötigt, um den sozialen Mißständen, die unsere Gesellschaft und unsere Welt besetzt halten, ins Auge sehen und sie bekämpfen zu können.

Sie können Ihren Kindern zeigen, daß es notwendig ist, für wichtige Anliegen Geld zu spenden.

Von Ihrem Herzen und Ihren Händen

Die Gefahr dabei, an Menschen und Institutionen Geld zu spenden, ist, daß man leicht in die Gefahr eines »Scheckbuch-Mitleids« gerät und glaubt, daß die Spende sowohl das Problem lösen als auch unsere Pflicht erfüllen würde.

Zeigen Sie Ihren Kindern, daß Sie nicht nur die Schreie der anderen hören, sondern auch ihren Schmerz mitfühlen und darauf antworten.

Als der Sabbat beginnen sollte, war der Rabbi noch nicht in der Synagoge erschienen. Die Gläubigen und seine Schüler waren sehr besorgt und verängstigt, denn nie zuvor war der Rabbi zum Sabbatgebet zu spät gekommen. Wenn die Sonne unterging, konnte man ihn immer an seinem Platz an der östlichen Mauer finden, bereit, den heiligen Tag zu begrüßen.

So sandten die Gläubigen einen Suchtrupp aus. Wo konnte der Rabbi nur sein? In seinem Haus war er nicht, und er schien auch nirgendwo entlang des Weges zur Synagoge zu sein. Er war wie vom Erdboden verschluckt.

Sie suchten weiter bis zum Einbruch der Dunkelheit.
Der heilige Sabbat hatte begonnen, aber vom Rabbi fehlte immer noch jede Spur. Zum ersten Mal in seinem Leben war er nicht zum Sabbatgebet gekommen.

Verloren und verunsichert gingen seine Schüler langsam
zurück zur Synagoge. Auf dem Weg sahen sie ein schwa-
ches Licht aus einem der kleinen Häuser dringen, die
weitab von der Straße standen. Neugierig machten sie
sich auf den Weg dorthin.

Als sie durchs Fenster schauten, sahen sie ihren Rabbi an
einem Bett sitzen. Er streichelte liebevoll den fiebrigen
Kopf eines kleinen Jungen.

Leise schlich sich der älteste Schüler des Rabbi in das
Haus und ging zu ihm. »Rebbe, Rebbe«, sagte er, »wir
waren so besorgt. Der Sabbat hat begonnen, aber Ihr seid
nicht in die Synagoge gekommen. Rebbe, wo wart Ihr?«

Tip Nummer 22
Richten Sie Familiensparkassen ein

Wenn Ihre Kinder sehen, daß Sie gelegentlich etwas spenden, um Gutes zu tun, dann können Sie sie auch ermuntern, selbst etwas zu spenden.

Richten Sie eine Familiensparkasse ein, die als »Opferstock« fungiert, damit Ihre Kinder ihre Pfennige oder Groschen Menschen in Not zukommen lassen können.

Sie können bestimmte Zeiten einrichten, zu denen man etwas in die Familiensparkasse einwirft, vielleicht zu Beginn des Wochenendes oder bei Ferienanfang Darüber hinaus kann jeder zu jeder Zeit eine Spende geben, vielleicht wenn er ein frohes Ereignis oder eine gute Nachricht feiern möchte.

Wenn die Familiensparkasse voll ist, sollten Sie eine »Sitzung« abhalten, an der Sie gemeinsam entscheiden, was mit dem Geld gemacht wird Alle Spender, vor allem die Kinder, können hierzu Vorschläge machen.

Indem Sie Ihren Kindern die Möglichkeit geben, etwas vom eigenen Geld anderen Menschen und guten Einrichtungen zukommen zu lassen, zeigen Sie ihnen, wir man für andere sorgt und wie man mit ganzem Herzen vom eigenen Besitz etwas abgibt.

Der Rabbi schaute seinen Schüler an und sprach: »Ich war hier, mein Sohn. Als ich auf dem Weg in die Synagoge war, sah ich diese schwache junge Frau, diese arme Witwe, wie sie im Wald Reisig sammelte. Ich sah, daß die

Last viel zu schwer für sie sein mußte, und so bot ich mich an, ihr zu helfen. Sie erzählte mir, daß ihr Sohn sehr krank sei und daß sie kein Holz für das Feuer habe. Also hackte ich etwas Holz, setzte das Feuer in Gang, und nun sitze ich hier bei dem Jungen und bitte Gott, daß er ihn segnen und gesund machen möge.«

Und der Schüler erkannte, daß sein Rabbi auf diese Weise das Gesetz Gottes gewissenhafter erfüllte, als wenn er zum Sabbatbeginn in die Synagoge gegangen wäre. Er hatte einem, der ihn brauchte, seine Hand und sein Herz gereicht. Er vollbrachte Gottes Werk auf Erden.

Hand in Hand

Sie können Ihren Kindern beibringen, die Arbeit ihrer Hände für andere auch dann einzusetzen, wenn es einmal nicht einfach oder angenehm ist.

Es kam einmal eine Gruppe leprakranker Bettler zu dem Zen-Meister Bankei, der ein großherziger Lehrer war.

Bankei hieß die Bettler willkommen und bestand darauf, mit eigenen Händen ihre Körper zu waschen und ihre Köpfe zu scheren.

Einer der hingebungsvollen Schüler des Meisters, ein Mann, der Bankei schon einen Tempel hatte bauen lassen, in dem dieser seine Schüler lehren und zum Volk sprechen konnte, beobachtete, wie der Meister auf die Leprakranken zuging.

Erschreckt über den Anblick seines Meisters, der den Aussätzigen die Köpfe schor, eilte der Mann und brachte

Bankei eine Schüssel Wasser, um seine Hände darin zu waschen.

Aber der Meister wies die Schüssel zurück und sagte: »Eure Abscheu ist schmutziger als ihre Krankheit.«

Die wirklichen Werte

Sie können Ihren Kindern zeigen, daß, wenn man anderen etwas geben kann, man auch etwas von ihnen lernt.

Die Bedürfnisse anderer zu verstehen und darauf einzugehen ist keine angeborene menschliche Tugend, sondern vielmehr ein Charakterzug, den man erst ausbilden muß.

Den Schmerz eines anderen zu fühlen und wirkliches Mitleid zu empfinden, das sind keine natürlichen menschlichen Eigenschaften – man muß sie erlernen und sich durch Zuschauen, Zuhören und Nachahmen aneignen.

Kinder lernen, Mitleid zu fühlen, wenn sie sehen, wie Ihr Herz und Ihre Seele durch die Leiden eines anderen berührt werden, und wenn sie sehen, daß Sie liebevoll und freundlich handeln.

Gesichter sehen

Sie können in Ihren Kindern das Bewußtsein für die Bedürfnisse anderer wecken, indem Sie ihnen ein alltägliches und einfaches System von Geben und Nehmen zeigen.

Vom Rabbi Tanchum ist folgendes überliefert: »Wenn er
für sich eine Portion Fleisch brauchte, pflegte er zwei zu
kaufen. Brauchte er einen Bund Gemüse, kaufte er
zwei – einen für sich und einen für die Armen.«

Als meine Söhne klein waren, versuchten wir diese Gewohnheit des Rabbi Tanchum in die moderne Praxis umzusetzen. Immer wenn wir in den Supermarkt gingen,
kauften wir zusätzlich eine Packung unverderblicher Lebensmittel – eine Schachtel Cornflakes, eine Dose Thun-
fisch, eine Packung Nudeln mit Tomatensoße oder ein
Glas Marmelade.

Diese Dinge taten wir gleich in eine Plastiktüte, die wir
im Kofferraum aufbewahrten. Wenn die Tüte voll war,
brachten wir sie in eine der Einrichtungen, die für Be-
dürftige Essen kochen.

Das war wirklich ein einfacher Weg, etwas zu geben,
denn es machte keinen Aufwand und kostete pro Woche
nur einige Mark mehr. Und wie stolz waren Scott und

Seth, wenn die Tüte im Kofferraum voll war und sie ihre Lebensmittel in die Suppenküche tragen konnten! Es war eine sehr wirkungsvolle Lektion, ein lebendiger und einleuchtender Weg, Kindern die Wichtigkeit des Gebens zu zeigen und in ihnen die persönliche Verantwortlichkeit zu teilen zu wecken – ein für allemal.

Auch ich lernte eine wichtige Lektion durch diese Art des Gebens – von meinem Sohn: Eines Tages nahm ich im Supermarkt eine Packung Müsli aus dem Regal und sagte: »Wie wäre es heute mit diesem Müsli für unsere Tüte?«

Seth, der damals ungefähr fünf oder sechs Jahre alt war, nahm mir die Müslipackung aus der Hand und sagte: »Nein.«

Ich sah zu, wie er die Packung wieder ins Regal stellte, und fragte recht erstaunt: »Warum nicht? Was hast du gegen das Müsli einzuwenden?«

Mit großer Entschiedenheit griff Seth eine Schachtel von mit Zucker überzogenen Cornflakes aus dem Regal und sagte zu mir: »Heute werden wir die mitnehmen, denn es gibt auch hungrige Kinder da draußen, und die mögen dies hier viel lieber als Müsli.«

In diesem Moment lehrte mich Seth, die Gesichter der Menschen zu sehen, denen wir etwas brachten.

Sie konnten nicht länger nur »die Hungrigen« oder »die Bedürftigen« oder »die Leute, die zur Essensausgabe kommen« sein. Plötzlich waren es Menschen mit Namen, Gesichtern und Geschichten. Und ich wußte von diesem Augenblick an, daß ein notleidender Mensch niemals wieder eine anonyme Nummer in einer Statistik für mich sein würde, sondern ein Mensch, dessen Stimme ich hören und dessen Hand ich nehmen kann.

TIP NUMMER 24
DENKEN SIE AN DIE KLEIDERSAMMLUNG

*Viele Menschen geben alte Kleidung an Organisationen
wie das Rote Kreuz oder die Caritas, die sie entweder bedürftigen Menschen geben oder sie verkaufen und das Geld
für karitative Zwecke verwenden.*

*Die meisten spenden einen alten Anzug, ein altes Kleid,
ein paar Hosen, einen alten Pullover – Kleidungsstücke,
die nicht mehr passen oder aus der Mode gekommen sind.
Wenn Sie und Ihre Kinder das nächste Mal die alten
Kleider zusammensuchen, dann können Sie zusätzlich
etwas dazulegen, was immer gebraucht wird, woran aber
nur wenige denken.*

*Geben Sie ein Paar neue Socken, ein schönes Stück Seife,
eine Flasche Shampoo – alles Dinge, die jeden Tag gebraucht werden und die man für selbstverständlich hält,
solange man sie hat.*

*Zeigen Sie Ihren Kindern, daß Geben mehr bedeutet als
nur den Kleiderschrank von alten Klamotten zu befreien,
sondern daß das Geben wirklich auf die menschlichen Bedürfnisse zugeschnitten werden kann. Dann werden sie
lernen, den Menschen gegenüber, die ihre Spende erhalten,
respektvoll zu sein und dankbar für die Gelegenheit, teilen
zu können.*

Wenn Sie Ihren Kindern beibringen, die Gesichter der
Hilfebedürftigen zu sehen, dann werden sie sowohl den
Bettler auf der Straße als auch das einsame Kind auf dem

Spielplatz sehen. Und Sie zeigen ihnen, wie man Freundlichkeit und Fürsorge, Heilung und Hoffnung spendet.

Was zu uns zurückkommt

Sie können Ihren Kindern zeigen, daß sie, wenn sie geben, viel mehr an Freude und Befriedigung zurückbekommen.

Ein moderner Meister lehrte: »Es braucht Mut, sich zu sorgen. Man öffnet sein Herz der Sympathie, dem Mitleid oder der Empörung und dem Enthusiasmus, wo es doch viel einfacher – und manchmal sicherer – ist, sich zurückzuhalten. Aber die Menschen, die das Risiko auf sich nehmen, die bewußt die Rüstung des Unbeteiligten ablegen, machen eine ungeheuerliche Entdeckung: »Je mehr man für andere sorgt und je intensiver man sich bemüht, desto lebendiger wird man.«

Die Geschichten von zwei Männern erzählen von der Freude des Gebens.

Als ein Freund Alexander den Großen um zehn Münzen bat, gab er ihm fünfzig. Auf die Antwort, daß zehn ausreichend wären, antwortete Alexander: »Das ist richtig. Zehn sind ausreichend für dich als Nehmenden, aber nicht für mich als Gebenden.«

Nasrudin lief durch die Straßen seines Dorfes und rief: »Mein Esel ist verschwunden! Wer immer den Esel zurückbringt, wird ihn als Geschenk erhalten.«

Die Menschen konnten Nasrudins Worte nicht verstehen. »Das macht doch keinen Sinn. Wenn der vermißte Esel zurückgebracht wird, warum willst du ihn dann weggeben?«

Und Nasrudin antwortete: »Wenn der Esel zurückgebracht wird, werde ich zwei der größten Freuden des Lebens erfahren: etwas zu finden, das verloren war, und etwas von großem Wert zu verschenken.«

Sie können es für Ihre Kinder auch in die einfachen modernen Worte fassen: »Gebt so viel, bis ihr euch wohl dabei fühlt.«

Was die Kinder uns zurückgeben

Es ist keine einfache Aufgabe, die Tiefe des menschlichen Herzens auszuloten.

Es gibt keinen Maßstab, der Ihnen sagt, wieviel Anteilnahme und Mitleid Ihre Kinder fühlen, wie sehr sie sich berufen fühlen, menschliches Leid zu lindern. Sie können nur darauf hoffen, daß ihr Benehmen einmal die Werte widerspiegelt, die Sie ihnen vermitteln wollten.

Ich erzähle die nun folgende Geschichte nicht, um mich selbst zu loben, und sicher nicht, um zu prahlen. Vielmehr möchte ich Ihnen vermitteln, daß es Momente gibt, in denen wir spüren, daß sich unsere Hoffnungen für unsere Kinder erfüllen.

Einer der bedeutungsvollsten Momente für Eltern ist der Tag, an dem man sein Kind in die Selbständigkeit entläßt. Ihr »Baby« – wie kann das schon achtzehn Jahre her sein, seit es geboren wurde? Dabei hat man doch das Gefühl, als sei es erst gestern gewesen, und nun wird es auf eigenen Füßen stehen. Sicher wird es noch finanzielle Unterstützung brauchen und hoffentlich ab und an einen Rat. Aber strenggenommen ist Ihr Kind jetzt erwachsen und fliegt aus.

Das ist eine einschüchternde und furchteinflößende Zeit für Ihr Kind, und – um ehrlich zu sein – ein sorgenvoller und fast traumatischer Augenblick für die Eltern. Sie fragen sich selbst: »Habe ich das Beste getan für dieses Kind? War ich eine gute Mutter, ein guter Vater? Habe ich ihm genügend Aufmerksamkeit geschenkt? Habe ich ihm genug Zeit gewidmet? Habe ich ihm alles beigebracht, was es für den Schritt in die Selbständigkeit braucht? Habe ich ihm die Mittel an die Hand gegeben, allein zu überleben und sich durchzusetzen? Wird das Kind es schaffen? Wird es glücklich sein?«

Mit etwas gespielter Tapferkeit von Eltern und Kind, mit kaum zurückgehaltenen Gefühlen und einem Kloß im Hals werden Sie das Auto mit Koffern und Sportgeräten, mit dem neuen Computer und dem alten Wecker beladen und in Richtung der neuen Wohnung oder der Universität fahren.

Wir halfen Seth all seine Sachen in sein Zimmer zu tragen. Seine Mutter machte sein Bett, und ich bemühte mich, so auszusehen, als würde ich eifrig irgendwelche CDs in ein Regal sortieren.

Dann war es Mittagszeit. Da in der Nähe nichts geöffnet hatte, luden wir Seths neuen Mitbewohner ein und stiegen ins Auto, um nach einem Lokal zu suchen.

Wir parkten an einer Parkuhr, die nur Münzen nahm – eine halbe Stunde für einen halben Dollar –, aber keiner von uns hatte genug Kleingeld. Also gab ich Seth, sowie wir einen Platz im Restaurant gefunden hatten, eine Dollarnote und sagte: »Wechsle das bitte an der Kasse und steck Münzen in die Parkuhr.«

Kurz darauf kam Seth wieder zurück. Ich sagte zu ihm: »Das heißt, wir können eine Stunde hier sitzen, nicht wahr?«

Seth antwortete: »Nein, wir haben nur ungefähr eine halbe Stunde.«

»Wie kann das sein?« fragte ich. »Ich habe dir doch einen Dollar gegeben.«

»Das ist richtig«, sagte Seth. »Aber als ich hinauskam, saß ein Obdachloser auf der Straße und bat um Kleingeld, damit er sich etwas zu essen kaufen könne. Ich habe ihm fünfzig Cent gegeben.«

In diesem Moment wußte ich, daß unabhängig davon, wieviel Sorgen ich mir um meinen Sohn gemacht hatte, alles gutgehen würde. Er hat die Kraft durchzuhalten und die Fähigkeit, sich durchzusetzen, um seinen Platz als ein anteilnehmender, fürsorglicher Mensch einzunehmen.

Was können sich Eltern mehr wünschen?

Die Warmen Kuschel

Vor langer, langer Zeit lebten nur sehr kleine Menschen auf der Erde. Die meisten von ihnen wohnten in einer kleinen Stadt. Es waren glückliche kleine Menschen mit einem breiten Lachen und einem fröhlichen Gruß für jedermann.

Am meisten liebten die kleinen Menschen es, einander Warme Kuschel zu schenken.

Jede kleine Person trug einen Rucksack, der mit Warmen Kuscheln gefüllt war. Wann immer sich zwei kleine Menschen trafen, tauschten sie Warme Kuschel aus.

Ein Warmer Kuschel ist ein wundervolles Geschenk, denn er sagt: »Du bist ganz besonders. Ich mag dich.« Deshalb liebten die kleinen Menschen es so, einander Warme Kuschel zu schenken, es gab ihnen ein gutes Gefühl, geliebt zu sein, und außerdem waren die Kuschel weich und kuschelig an ihrer Backe.

Das allernetteste an den Kuscheln aber war, daß, egal, wie viele ein kleiner Mensch davon fortschenkte, der Rucksack doch immer voll war. Niemand konnte je alle seine Warmen Kuschel ausgeben.

Außerhalb des Dorfes, in einer kalten, dunklen Höhle, lebte ein großer grüner Troll. Eigentlich lebte er nicht gern allein, aber er kam einfach mit niemandem zurecht, und außerdem haßte er es, Warme Kuschel zu verschenken oder geschenkt zu bekommen. Er fand Warme Kuschel blöd!

Eines Abends wanderte der Troll durch das Städtchen, als er eine freundliche Person traf.

»Hier ist ein Warmer Kuschel für dich«, sagte der kleine Mensch. »Du kommst nicht oft in die Stadt, ich freue mich, dich zu sehen und dir einen Warmen Kuschel geben zu können.«

Der Troll wollte den dummen Warmen Kuschel nicht, und er war es leid, andauernd von den Kuscheln zu hören. Er legte seinen Arm um den kleinen Menschen, als ob er ihm ein großes Geheimnis verraten wollte, und flüsterte: »Du weißt, daß du eines Tages keine Warmen Kuschel mehr haben wirst, wenn du sie immer weggibst, oder?«

Als der Troll den ängstlichen Gesichtsausdruck der kleinen Person sah, schaute er in den Rucksack und sagte: »Ja, ich denke, du hast noch ungefähr 217 Warme Kuschel hier. Paß also besser auf, wem du sie gibst.«

Damit watschelte der Troll davon und ließ einen sehr unglücklichen und verwirrten kleinen Menschen zurück.

Nun wußte der Troll sehr gut, daß man niemals alle Kuschel weggeben konnte. Sowie einer verschenkt wurde, war wundersamerweise ein neuer da, um ihn zu ersetzen. Aber er wollte sehen, was geschehen würde, wenn er ein wenig Zweifel und Besorgnis in den Köpfen der kleinen Menschen säte.

Nun, es dauerte nicht lange, und die Nachricht sprach sich schnell herum. »Wenn man zu viele Warme Kuschel verschenkt, wird man bald keine mehr haben«, erzählten die kleinen Leute einander.

Dies hatte zur Folge, daß die Menschen nun die meisten ihrer Warmen Kuschel für sich selbst behielten und sie nicht, wie früher, jedem zum Geschenk machten. Natürlich geschah es manchmal, daß eine kleine Person einer anderen einen Warmen Kuschel schenkte, aber das mußte schon eine ganz besondere Gelegenheit sein, und davon gab es nicht sehr viele.

Es dauerte nicht lange, bis die vormals so glücklichen und fröhlichen kleinen Leute plötzlich traurig und schwermütig wurden. Ihnen fehlte die Freude, Warme Kuschel verschenken zu können, und nur selten hatten sie das Glück, einen geschenkt zu bekommen.

Am schlimmsten aber war, daß die kleinen Menschen begannen, einander zu mißtrauen. Sie hatten Angst, daß man ihnen die Warmen Kuschel stehlen könnte. Schon bald traute sich niemand mehr nach Einbruch der Dunkelheit auf die Straße.

Die meisten der kleinen Leute wurden krank. Sie hatten Schmerzen in den Schultern und im Rücken, weil ihre Rucksäcke mit den Warmen Kuscheln immer schwerer und schwerer wurden.

Der Troll war sehr zufrieden, daß seine kleine Lüge solch einen Erfolg gehabt hatte, aber er hatte auch Sorge. »Oje«, sagte er zu sich selbst, »ich wollte den kleinen Menschen doch nur zeigen, wie blöd die Warmen Kuschel sind. Ich wollte nicht, daß sie unglücklich oder traurig sein sollten. Und auf keinen Fall wollte ich, daß sie krank werden.«

Also erfand der Troll einen Plan. In seiner Höhle hatte er einen heimlichen Vorrat an Kalten Fröstlern. Ein Kalter Fröstler fühlt sich nicht sehr gut an und ist kein schönes

Geschenk. Aber da er so viele davon hatte und die kleinen Menschen keine Warmen Kuschel mehr verschenkten, bot er ihnen einen lebenslangen Vorrat an Kalten Fröstlern an.

Die kleinen Leute waren froh, wieder etwas zu haben, was sie schenken konnten. Aber leider machte es überhaupt keinen Spaß, Kalte Fröstler zu verschenken. Niemand wußte, was sie bedeuteten, denn sie waren eben kalt, und es fröstelte einen, wenn man sie in die Hand nahm. Sie schienen nichts darüber zu sagen. Und mit Freundschaft, Glück oder Liebe hatten sie offenbar auch nichts zu tun.

Früher war es so gewesen, daß die meisten kleinen Leute »Ah!« riefen, wenn sie einen Warmen Kuschel geschenkt bekamen. Erhielten sie nun einen Kalten Fröstler, war alles, was sie sagen konnten: »Brr!«

Aber so ging es eine lange Zeit. Meist gaben die kleinen Menschen einander Kalte Fröstler, aber manchmal, bei besonderen Gelegenheiten, schenkte jemand einen Warmen Kuschel. Dann waren alle sehr, sehr glücklich.

Eines Tages sagte der älteste und weiseste der kleinen Menschen: »Liebe Leute, alles war viel schöner in unserer Stadt, als wir einander noch Warme Kuschel schenkten. Niemand außer dem Troll scheint diese Kalten Fröstler sehr zu mögen, und es ist doch so, daß auch niemand den Troll so richtig mag. Wißt ihr, ich glaube, es ist an der Zeit, daß wir einander wieder Warme Kuschel geben.«

Aber die meisten der kleinen Leute gaben zu bedenken: »Das können wir doch nicht tun. Wenn wir alle unsere Warmen Kuschel weggeben, werden wir keine mehr haben, und dann können wir nie wieder welche geben!«

Der weise Mensch erwiderte: »Unsere Warmen Kuschel nutzen uns jetzt überhaupt nichts. Wir verwahren sie nur in unseren Rucksäcken, wo sie alt und staubig werden. Es hat uns kein bißchen glücklicher gemacht, sie für uns zu behalten. Laßt es uns noch einmal versuchen. Laßt uns einander wieder Warme Kuschel schenken, so wie früher, und dann werden wir sehen, was passiert.«

Und genau das taten die kleinen Menschen. Schon bald gab jeder wieder jedem Warme Kuschel. Und ratet, was geschah – immer, wenn jemand einen Warmen Kuschel aus seinem Rucksack holte, wuchs dort wunderbarerweise ein neuer. Kaum wurden die Warmen Kuschel wieder großherzig verteilt, gab es auch unendlich viele davon.

Schon bald waren der Troll und seine Kalten Fröstler vergessen, und die kleinen Menschen dieser kleinen Stadt gaben einander in Liebe und Freude ihre Warmen Kuschel.

FRAGEN, DIE SIE MIT IHREN KINDERN
BESPRECHEN KÖNNEN

Eine Frage für die Vier- bis Achtjährigen
Einer deiner Freunde bekommt für die Pause nie etwas
Süßes mit und bittet dich andauernd, deine Kekse mit
ihm zu teilen.
Was tust du?

Eine Frage für die Neun- bis Zwölfjährigen
Der Leiter eurer Jugendgruppe bittet euch, wenn ihr in
diesem Jahr die Tombola veranstaltet, das eingenomme-
ne Geld nicht für die eigene Gruppe, sondern für das
neue Jugendzentrum zu verwenden, das auch anderen
Gruppen offensteht.
Was tust du?

Eine Frage für die Teenager
Ein sechsjähriges Kind aus eurem Quartier ist bei einem
Verkehrsunfall schwer verletzt worden. Die Mutter des
Kindes, die noch kleine Zwillinge zu versorgen hat, ist
mit der Pflege und ihrem Haushalt überfordert. Ein
Freund von dir schlägt vor, der Mutter verschiedene Gän-
ge und Besorgungen abzunehmen. Was meinst du dazu?

DIE SECHSTE LEBENSREGEL
Dankbarkeit

Seit es Menschen gibt, sind sie von der Weite des Himmels, dem Glitzern der Sterne und vor allem der Größe und mächtigen Erscheinung des Mondes fasziniert.

In unserer Generation schließlich haben der Erfindungsreichtum und die technische Kühnheit des Menschen einen verrückten Traum in Wirklichkeit verwandelt: Ein Mensch betrat den Mond.

Einer der wenigen Astronauten, die ihren Fuß auf den Mond gesetzt haben, erinnert sich an diesen Moment. Er schaute über die weite und majestätisch blasse Fläche, die erstaunliche Oberfläche des Mondes und die aufgetürmten Mondberge. Dann schaute er zurück auf die Erde – ein großer blauer Ball, der, in feine Wolken eingehüllt, sanft in der Schwärze des Universums dahinglitt. Die absolute Schönheit der aufregenden und wunderbaren Aussicht überwältigte ihn.

Seine Gedanken, sagte er, wanderten zu einem Text aus der Bibel, den er als Kind gelernt hatte: »Herr, wie sind deine Werke so groß und viel! Du hast sie alle weislich geordnet, und die Erde ist voll deiner Güter.«

Aber Sekunden später war diese Stimmung verflogen, denn er sagte zu sich selbst: »Hör auf, hier Zeit zu verschwenden. Du bist nicht als Tourist hergekommen. An die Arbeit, geh und sammle Steine.«

Sie können Ihren Kindern zeigen, daß die ganze Größe des Universums nur darauf wartet, von ihnen entdeckt zu werden.

Sie können mit ihnen am Ufer eines Sees stehen und die Wellen an ihre nackten Füße schlagen lassen.

Sie können mit ihnen auf einem majestätischen Berg stehen und sich den Wind durchs Haar wehen lassen.

Sie können mit ihnen im Gras liegen und die Energie der Erde durch sich hindurchfließen lassen.

Sie können miteinander Ihre Gesichter der Sonne zuwenden und in der goldenen Wärme ihrer glitzernden Strahlen baden.

Sie können mit ihnen ganz ruhig dastehen und sich von den erstaunlichen Geräuschen der Stille umfangen lassen, dem Gesang eines Vogels oder dem Zirpen einer Grille.

Und dann können Sie sich von Ihren Kindern mitreißen lassen: sich in den Wellen des Ozeans umherrollen lassen, laut in den Wind rufen, lachen, bis der Bauch weh tut, den Orangensaft das Kinn herunterlaufen lassen.

Der Dichter William Blake zeigt uns den Weg: »Eine Welt in einem Sandkorn zu sehen / Und den Himmel in einer wilden Blume / Die Unendlichkeit auf der Handfläche zu halten / Und die Ewigkeit in einer Stunde.«

In Bewunderung

Es ist kein Zufall, daß die großen Kathedralen des mittelalterlichen Europa solch himmelsstürmende und eindrucksvolle Bauwerke sind.

Raum und Zeit wurden hier versetzt, um die Gedanken der Menschen vom Hier und Jetzt in die Nähe Gottes zu bringen.

Heutzutage sind wir eher nüchtern und sparsam als fromm und schwärmerisch, und das drückt sich auch in der modernen Architektur aus.

So gibt es nur wenige Orte, an denen unsere Kinder zu Bewunderung und Verehrung angeregt werden können.

Moderne Erfindungen sind oft erstaunlich – wie viele Informationen kann ein so kleiner Mikrochip nicht transportieren! –, aber die fortschreitende Technologie macht die Phänomene unserer Zeit nur allzuschnell zu altem Eisen.

Deshalb finden die Kinder heute, abgesehen von der oft

TIP NUMMER 26
MACHEN SIE EINE BERGWANDERUNG

*Auf Gipfeln und Höhen spüren Sie den Rhythmus des
Kosmos, öffnet sich die Weite der Natur zu einem groß-
artigen Panorama. Hingegeben an einen solchen Ausblick,
können Sie mit ehrlicher Bewunderung, voller Freude
und Demut sagen: »Danke.«*

genug schon zerstörten Natur, nur wenig vor, was sie mit Respekt und Verehrung erfüllen könnte.

Als Lord Byron ein junger Student an der Universität war, soll er einmal an einer wichtigen Prüfung in Theologie teilgenommen haben. Die gestellte Aufgabe lautete, etwas über die religiöse und spirituelle Bedeutung des Wunders der Verwandlung von Wasser in Wein durch Jesus zu schreiben.

Drei Stunden lang saß Byron in dem überfüllten Hörsaal, während alle anderen Studenten eifrig ihre Blätter vollschrieben. Aber Byron saß still grübelnd und schrieb nicht ein Wort nieder.

Als schließlich die Prüfungszeit um war und alle Studenten ihre Seiten abgegeben hatten, kam der Prüfer zu Lord Byron und sagte: »Ihr könnt nicht einfach ein leeres Blatt abgeben. Ihr müßt irgend etwas schreiben.«

Also nahm der junge Byron seine Feder und schrieb: »Das Wasser traf seinen Meister und errötete.«

Das ist Staunen!

Das ist Verehrung!

TIP NUMMER 27
WERDEN SIE ZEUGE EINER GEBURT

Es gibt keinen größeren Beweis für die Kraft der Natur als das Wunder einer Geburt.

Ein Wunder? Ja. Und ein sorgfältiger Plan: Pflanzen bringen Pflanzen hervor, Elefanten gebären Elefanten, und Menschen bringen Menschen zur Welt, sorgfältig ausgestattet mit Fingern, Zehen, Augen und Ohren und der besonderen menschlichen Fähigkeit, zu denken, zu reflektieren und zu erinnern, zu hassen, zu lieben, Gerechtigkeit zu fordern und Mitleid zu empfinden.

Lassen Sie Ihre Kinder Zeugen einer Geburt werden – ein Kalb auf einem Bauernhof, ein Welpe oder ein Kätzchen zu Hause, ein Vogel, der aus dem Ei schlüpft, oder auch ein Same in einem Blumentopf am Fenster – und lassen Sie sie das Staunen über den Schöpfungsprozeß erleben. Helfen Sie Ihren Kindern, die Größe des Momentes zu empfinden. Auch sie selbst, so werden sie dann spüren, sind ein kostbarer Teil des komplizierten Universums.

»Ich war am Ende der Welt«

Ein Gesang der Navajo-Indianer lautet: »Ich war am Ende der Welt. Ich war am Ende der Wasser. Ich war am Ende des Himmels. Ich war am Ende der Berge. Ich habe niemanden gefunden, der nicht mein Freund ist.«
Wir sind die Diener dieses Planeten, wir sind verantwortlich für die Erhaltung und den Schutz ihrer Schönheit

und das empfindliche Gleichgewicht der Welt, in der wir leben. Aber wir sind dabei, unser Zuhause, die Erde, zu zerstören und unsere Lebensgrundlage selbst zu vernichten. Wir vergiften die Flüsse, verschmutzen die Luft, beuten das Land aus und holzen die Wälder ab.

Wir haben die einfache Wahrheit, die die Ureinwohner Amerikas als ihr Glaubensbekenntnis beherzigten, nicht begriffen: »Der Frosch trinkt den Teich, in dem er lebt, nicht leer.«

Einige von uns haben begonnen zu lernen. So gibt es in den USA eine große Kette von Papierwarenläden, wo man ausgerechnet hat, daß aus einem Baum ungefähr 23 000 Blatt Papier gewonnen werden. Deshalb pflanzt der Konzern jeweils für 23 000 verkaufte Blatt einen neuen Baum. In diesem Recyclingprogramm erhält die Erde zurück, was ihr genommen wurde, und kann ihr empfindliches Gleichgewicht aufrechterhalten.

Sie können Ihren Kindern zeigen, wie wichtig es ist, die Umwelt zu schützen und zu erhalten.

Aber unsere Aufgabe führt noch weiter: Wir können nicht länger die Erde und die Menschen, die auf ihr leben, als getrennte Einheiten betrachten.

Der Indianer Chief Seattle lehrte: »Alles ist miteinander verbunden. Was immer die Erde betrifft, betrifft auch den Sohn der Erde. Der Mensch (...) ist nur ein Faden im Netz des Lebens. Was immer er dem Faden antut, tut er sich selbst an.«

Vielleicht ist es kein Zufall, daß unser Planet in den letzten Jahren von so vielen Flutkatastrophen, Erdbeben und Wirbelstürmen heimgesucht worden ist.

Wieviel Blut aus Kriegen kann die Erde aufsaugen, wie viele Erschütterungen durch Haß kann sie ausgleichen, wieviel Schmerz kann sie hinnehmen, bevor sie mit Zittern und Aufbäumen antwortet?

In ihrem Schmerz ruft die Erde: »Hört auf, mich niederzubrennen, mich zu vergiften und auszubeuten. Hört auf, mich mit dem Blut eurer Kriege zu tränken, denn euer Schmerz ist auch mein Schmerz. Ihr habt mich in diesen Zustand versetzt, der meinen Boden aufbrechen, meine scharfen Winde blasen und meine Wasser das Land ertränken läßt.«

In unserem höchst intellektuellen Rationalismus und in unserer arroganten Selbstbezogenheit haben wir vergessen, was unsere Vorfahren wußten und was die Ureinwohner des Landes selbstverständlich lebten.

Wir sind mit der Erde, auf der wir leben, auf tiefste Weise verbunden. Erde und Menschen sind voneinander abhängig, und es gibt eine geheime Verbindung zwischen dem Verhalten der Menschen und den Geschenken oder den Plagen, die die Erde für uns bereithält.

Der geistige Führer Ram Dass sieht es folgendermaßen: »In der ultimativen Tiefe unseres Seins sind wir nicht länger getrennt, sondern ein Teil der Gemeinschaft des Universums. Diese Gemeinschaft umfaßt den Leidenden und das Leiden, den Heiler und das, was heilt. Deshalb ist alles, was zur Heilung führt, letztendlich identisch mit uns, die wir uns selbst heilen.«

Sie können Ihren Kindern begreiflich machen, daß sie, wenn sie die Welt, in der sie leben, respektieren und schützen, in Wirklichkeit sich selbst retten.

Freunde von mir, Alan und Patty, merkten, wie heilsam

unsere Verbindung zur Erde, zur Natur wirken kann, als sie mit ihren Söhnen in Urlaub fuhren.

Der ältere Sohn, David, ist ein »typischer« Teenager. Wie die meisten seines Alters ist er selbst der Mittelpunkt seiner Welt, der einzigen Welt, die für ihn zu zählen scheint. Er versucht, seine eigene Identität zu finden und seine Unabhängigkeit zu erproben.

Seine Eltern sehen, wie die meisten Eltern von Teenagern, in seiner großtuerischen Überheblichkeit nicht viel mehr als ein »affektiertes Benehmen«. Obwohl Alan und Patty sich viel Mühe gegeben hatten, eine schöne gemeinsame Ferienzeit zu planen, zeigte David in jedem Wort und in jeder Geste, daß es absolut nicht »cool« war, mit seinen Eltern in die Ferien zu fahren.

Aber nicht lange nachdem die Familie die große Stadt verlassen hatte und mit ihr Telefon, Fernseher und Computerspiele, nachdem sie sich in einer Hütte an einem See im Wald eingerichtet hatte, geschah eine erstaunliche Wandlung. David wurde ruhig und friedfertig. Er hörte auf, mit seiner eigenen Anmaßung und Großartigkeit zu kämpfen. Er hörte auf, zu prahlen und alles besser zu wissen. Er war nicht mehr eingebildet und gab es auf, sich in Szene zu setzen. In den Augen seiner Eltern war er plötzlich wieder er selbst: fröhlich, zu Späßen aufgelegt und geradeheraus.

Ich glaubte nicht, daß seine Eltern einfach ihren »kleinen Jungen« zurückhaben wollten und damit sein Erwachsenwerden gefährdeten. Alan und Patty verstehen die veränderten Bedürfnisse ihres heranwachsenden Sohnes sehr gut.

Nicht seine Eltern haben ihn zu einem anderen Benehmen gedrängt, sondern er selbst fand einen Grund in sich, als er zur Erde, der Quelle des Seins, zurückkehrte. Das zeigt uns die unauflösliche Verbindung, die tiefe und kraftvolle Einheit zwischen Mensch und Erde, die uns Leben, Nahrung und Ursprung gibt.

Wenigstens für eine kurze Zeit während der chaotischen Reise des Teenagers zum Erwachsensein verband Davids Rückkehr zu seiner Quelle ihn wieder mit dem Puls des Lebens und schenkte ihm Selbstsicherheit, Selbstbewußtsein und Einverständnis mit sich selbst.

Die menschlichen Werke

Eine alte Überlieferung berichtet, daß, als das Werk der Schöpfung vollendet war, Gott die Engel fragte, was sie von seiner Arbeit hielten.

»Es fehlt nur eines«, sagten sie, »und zwar ein Klang zum Lobpreis des Schöpfers.«

Also, so geht die Geschichte weiter, schuf Gott das Sausen des Windes, den Gesang der Vögel, die Klänge der Musik, und er pflanzte in die Herzen der Kinder ein Lied ein.

Und schon bald begannen wir Menschen, unsere eigene Schönheit der Schönheit der Welt hinzuzufügen.

Großartige Musik, Tanz und Literatur wurden zu den Wundern der menschlichen Schöpfung.

Der Schriftsteller E. M. Forster erklärt diesen Prozeß: »Im Prozeß des Schöpfens wird der Mensch aus sich selbst hinausgezogen. Es ist, als ließe er einen Eimer in sein Unterbewußtsein hinab und zöge etwas herauf, das normalerweise außerhalb seiner Reichweite liegt. Dieses vermischt er mit seinen herkömmlichen Erfahrungen, und aus dieser Mischung macht er ein Kunstwerk.«

Der große Maler Pablo Picasso sagte schlicht: »Ich suche nicht. Ich finde.«

Es gibt keinen objektiven Maßstab für Kunst. »Schönheit liegt im Auge des Betrachters.«

Die Künste selbst sind amoralisch, sie sind weder gut noch schlecht, weder richtig noch falsch.

Aber die Kunst kann der menschlichen Erfahrung Tiefe und Schönheit verleihen.

Wie der weltbekannte Architekt Frank Lloyd Wright feststellte: »Kunst ist die Seele unserer Zivilisation.«

»Musik«, sagt Victor Hugo, »drückt das aus, was nicht in Worte gefaßt werden kann, was aber auch nicht unausgesprochen bleiben darf.«

Und: »Tanz«, sagte Ted Shawn, »ist die einzige Kunst, in der wir selbst das Material sind, aus dem sie gemacht wird.«

Geben Sie Ihren Kindern die Möglichkeit, der Kunst zu begegnen; sie werden in der Kunst sich selbst und ihren eigenen Möglichkeiten und Gefühlen begegnen.

Die Schönheit des Universums ist in jedem Menschen. Sie ist, wie W. Somerset Maugham sagte, »eine Ekstase. Sie ist so einfach wie Hunger.«
Wenn die Schönheit aus der Tiefe an die Oberfläche dringt und Ausdruck sucht, dann bereichert sie die Größe der Welt.
Ermuntern Sie Ihre Kinder dazu, selbst etwas zu schaffen, ihre Phantasie und ihre Kreativität spielen zu lassen. Sie können ihnen dafür die Zeit und das Werkzeug an die Hand geben: Schere, Papier, Farben und Bleistifte, Musikinstrumente und Ballettschuhe, eine Bühne. Dann werden sie weit kreativer sein als zwischen piepsenden Videospielen und bunten Computerprogrammen.
Sie können ihnen, um mit Sherwood Anderson zu sprechen, »einen Dachboden, um die Vergangenheit zu bereisen, und einen Keller, um mit der Zukunft zu spielen« geben.

Danken

Die Schönheiten des Universums umgeben uns und sind in uns.
Nehmen wir sie aber nicht allzu leicht als selbstverständlich hin? Wir hören, aber hören wir wirklich? Unsere Augen sind geöffnet, aber sehen wir auch? Unsere Herzen schlagen den Rhythmus des Lebens, aber sind wir leben-

Tip Nummer 29
Besuchen Sie ein Museum

Besuchen Sie mit Ihren Kindern ein Museum, ein Theaterstück oder ein Konzert.

Geben Sie ihnen ein gutes Buch, und machen Sie sie mit den großen Gedanken und Ideen der menschlichen Zivilisation bekannt.

Öffnen Sie ihre Augen und Ohren für die Kunst.

Regen Sie Ihre Kinder an, selbst etwas zu formen und zu gestalten.

dig? Unser ganzes Sein ist erfüllt von der Schöpfung, aber bemerken wir es auch?

Es ist oft schwer, wirkliche Bewunderung und ehrliche Begeisterung auszudrücken. Es ist schwer, zu loben und zu danken.

Geben Sie Ihren Kindern den Anstoß, über sich selbst hinaus zu schauen und einen Geist, der größer als sie selbst ist, zu erkennen. Bringen Sie ihnen bei, Freude, Begeisterung und Dankbarkeit auszudrücken.

Man muß Größe besitzen, um zu sagen: »Danke.« Und man muß zu einer Spur Demut bereit sein, die Bescheidenheit haben, um zu merken, daß man danken muß.

Kinder des Universums

Im Verlaufe mehrerer Monate schickte ein alter, bettläge-riger Vater seine Kinder in den Obstgarten, nach seinem liebsten Baum zu sehen.

»Beschreibe mir den Baum«, bat er jedes Kind.

Der älteste Sohn sagte: »Es tut mir leid, dir sagen zu müssen, daß dein Baum aussieht wie ein ausgebrannter, ver-trockneter Stumpf.«

Sein Bruder war ganz anderer Meinung: »Der Baum«, sagte er, »ist voller frischer grüner Blätter.«

Die Tochter sagte: »Ihr habt beide unrecht. Die Äste des Baumes tragen viele zarte Blüten.«

Und die jüngste Tochter wandte ein: »Nein. Der Baum ächzt unter der Last des süßen Obstes.«

Der Vater schaute seine vier Kinder an und sagte: »Alle habt ihr recht, denn jeder von euch sah den Baum zu ei-ner anderen Jahreszeit.«

Ihre Kinder können die Kinder aller Jahreszeiten sein, wenn sie sich an die Lehre des Sun Bear vom Stamm der Chippewa halten: »Ich glaube nicht, daß es ein Maß für eine Zivilisation ist, wie hoch ihre Betonbauten sind, son-dern wie gut ihre Menschen im Einklang mit der Umwelt und anderen leben können.«

Die Suche nach dem Glück

Es war einmal ein Mann, dessen Leben voller Unglück zu sein schien. Obwohl er hart arbeitete, hatte er doch nie genug zu essen, und im Winter reichten seine verschlissenen Kleider und seine armselige Hütte nicht aus, um ihn vor dem Frost zu schützen. Und er war einsam, denn er hatte nur wenige Freunde und keine Frau oder Kinder.

Eines Tages sagte der Mann zu sich selbst: »Das Leben ist ungerecht zu mir. Ich werde mich aufmachen, Gott zu suchen und werde ihn um etwas Glück für mich bitten.« Und so machte er sich auf die Reise.

Auf seinem Weg begegnete er einem wunderschönen Mädchen. Sie fragte: »Wohin gehst du?«

Er antwortete: »Ich suche Gott und will ihn um Glück bitten.«

Das wunderschöne Mädchen rief: »Was für eine wunderbare Idee! Weißt du, ich habe ein prächtiges Haus und einen herrlichen Garten. Ich habe genug zu essen und schöne Kleider. Aber ich habe keinen Ehemann. Bitte doch Gott auch um etwas Glück für mich!«

Der Mann versprach es ihr und setzte seinen Weg fort. Kurze Zeit später sah er den seltsamsten Baum, den er je gesehen hatte. Obwohl er direkt am Flußufer stand, schien er doch völlig vertrocknet. Der Baum sah den Mann kommen und fragte: »Wohin gehst du?«

Der Mann antwortete: »Ich suche Gott und will ihn um Glück bitten.«

Der Baum rief: »Was für eine wunderbare Idee! Weißt du, ich wachse direkt an diesem sanft fließenden Fluß, aber meine Blätter werden doch niemals grün, auch nicht im Frühling. Bitte doch Gott auch um etwas Glück für mich.«

»Das werde ich tun«, sagte der Mann und setzte seinen Weg fort. Nach kurzer Zeit traf er einen Wolf, der am Wegesrand saß. Der Wolf fragte: »Wohin gehst du?«

Der Mann antwortete: »Ich suche Gott und will ihn um Glück bitten.«

»Was für eine wunderbare Idee«, sagte der Wolf. »Weißt du, ich habe mein Rudel verloren und bin jetzt ein einsamer Wolf. Ich habe keine Freunde, mit denen ich spielen oder jagen könnte. Bitte doch Gott auch um etwas Glück für mich.«

Der Mann erklärte sich bereit, mit Gott über den Wolf zu sprechen, und setzte seinen Weg fort.

Er mußte noch einige Tage nach Gott suchen, aber schließlich fand er ihn an seinem Ort.

Er sagte: »Gott, mein Leben ist nicht leicht gewesen, und deshalb bin ich hergekommen, Dich um Glück für mich und ein paar Freunde, die ich auf dem Weg getroffen habe, zu bitten.«

Gott hörte zu und sagte: »Mein Kind, ich gebe dir das Geschenk des Glücks. Geh und gebrauche es klug und gut.« Und Gott gab ihm auch Geschenke für das Mädchen, den Baum und den Wolf mit.

Mit freudigem Herzen machte der Mann sich auf den Weg nach Hause. Zuerst traf er den Wolf und sagte: »Gott hat mir ein Geschenk für dich mitgegeben. Er sagt, daß bald jemand kommen wird, mit dem du hier am Wegesrand reden kannst. Das wird dein neuer Freund sein, der mit dir spielen und jagen wird.«

Der Wolf rief: »Du! Mein neuer Freund, das mußt du sein. Bleibe hier und sei mein Freund.«

Aber der Mann sagte: »Das würde ich gern, aber ich habe das Glück geschenkt bekommen, und ich muß es suchen gehen.« Und er verließ den Wolf am Wegesrand.

Als nächstes kam der Mann zu dem Baum und sagte: »Gott hat mir ein Geschenk für dich mitgegeben. Ich soll dir sagen, daß du kein Wasser bekommst, weil unter deinen Wurzeln eine Schatzkiste voller Gold vergraben ist. Sobald die Kiste ausgegraben ist, wird das Wasser zu fließen beginnen, und deine Blätter werden wieder grün sein.«

»Wie wunderbar!« sagte der Baum. »Bitte grabe die Schatzkiste aus, und ich werde alles Gold mit dir teilen.«

Aber der Mann sagte: »Das würde ich gern, aber ich habe das Glück geschenkt bekommen, und ich muß es suchen gehen.« Und er verließ den Baum am Flußufer.

Als er fast zu Hause war, kam der Mann zu dem Haus des Mädchens und sagte: »Gott hat mir ein Geschenk für dich mitgegeben. Ich soll dir sagen, daß du bald einen Mann treffen wirst, der dein Ehemann sein wird, und ihr werdet sehr glücklich zusammen sein.«

Das Mädchen sagte: »Das mußt du sein. Du bist der Mann, den Gott geschickt hat. Bleibe hier und werde mein Ehemann, teile mit mir Haus und Garten.«

Aber der Mann sagte: »Das würde ich gern, aber ich habe das Glück geschenkt bekommen, und ich muß es suchen gehen.« Und der Mann ging und lief nach Hause.

Ein Jahr verging, ohne daß der Mann das Glück gefunden hatte. Da entschloß er sich, noch einmal zu Gott zu gehen, um zu erfahren, warum das Glück nicht zu ihm gekommen war.

Auf seinem Weg traf er das Mädchen, das immer noch nicht verheiratet war. Sie beschloß, mit ihm zu gehen, um Gott zu fragen, warum ihr Ehemann noch nicht vorbeigekommen sei. Gemeinsam kamen sie zu dem Baum, dessen Blätter immer noch braun und trocken waren. Der Baum sagte: »Nehmt einen meiner Äste mit zu Gott und fragt, warum niemand gekommen ist, um die Schatzkiste auszugraben.«

Schließlich kamen sie zu dem Wolf, der immer noch allein und einsam war. Der Wolf beschloß, ihnen zu folgen, um herauszufinden, warum sein Freund noch nicht gekommen war.

Als sie zu Gott kamen, sagte der Mann: »Wir verstehen das nicht. Du hast mir das Glück geschenkt, aber es ist nicht zu mir gekommen. Du hast dem Wolf gesagt, daß er einen Freund finden würde, aber der Freund ist nicht gekommen. Du hast dem Baum gesagt, daß Wasser fließen würde, wenn die Schatzkiste ausgegraben würde, aber niemand kam, um den Schatz zu heben. Du hast dem Mädchen gesagt, daß sie bald verheiratet sein würde, aber niemand kam, der ihr Ehemann sein könnte. Warum nur?«

Und Gott lachte dieses traurige kleine Lachen, das nur Gott lachen kann, und sagte: »Meine Kinder, meine Kinder. Öffnet eure Augen und seht. Seht, was euch gegeben worden ist. Seht, was ihr bereits habt. Seht das Glück, das direkt vor euch liegt.«

Und der Mann, das Mädchen, der Ast vom Baum und der Wolf verstanden schließlich und sagten leise, aber voller Freude: »Danke.«

FRAGEN, DIE SIE MIT IHREN KINDERN
BESPRECHEN KÖNNEN

Eine Frage für die Vier- bis Achtjährigen
Dein Freund erzählt dir, daß seine Familie niemals Feste
feiert, und fragt, warum ihr das tut.
Was sagst du?

Eine Frage für die Neun- bis Zwölfjährigen
Ihr macht einen Klassenausflug, und du stellst fest, daß
einige deiner Klassenkameraden ihre Taschenmesser
mitgebracht haben, um ihren Namen in einen Baum zu
ritzen.
Was meinst du dazu?

Eine Frage für die Teenager
Die Direktorin weigert sich, ein Recyclingprogramm in
eurer Schule einzuführen. Sie sagt, das würde zuviel Zeit
in Anspruch nehmen und zuviel Aufbewahrungsplatz be-
nötigen. Du findest, daß Recycling eine gute Sache ist.
Du hast fünf Minuten, um deinen Standpunkt der Direktorin deutlich zu machen.
Was sagst du? Was tust du, wenn sie immer noch dagegen
ist?

Ein Gebet für die Erde

Wir rufen die Erde, unseren Heimatplaneten,
wir rufen die Berge, die Gipfel der Stille,
wir rufen die Wasser, die die Erde durchfließen,
und bitten:
Lehrt uns, und zeigt uns den Weg.

Wir rufen das Land, auf dem unsere Nahrung
wächst,
wir rufen die Wälder, die sich bis zum Himmel
erstrecken,
wir rufen die Tiere der Ebene, die hier mit uns zu
Hause sind,
und bitten:
Lehrt uns, und zeigt uns den Weg.

Wir rufen alle, die auf dieser Erde gelebt haben,
wir rufen alle, die wir lieben,
wir rufen den Großen Geist, der durch das ganze
Universum fließt,
und bitten:
Lehrt uns, und zeigt uns den Weg.

(Ein Segensgebet der Chinook)

Die siebte Lebensregel
Freundschaft

Ein Zen-Student, der Lehrer werden wollte, studierte bei seinem Meister zehn Jahre lang. Nach dieser langen Zeit fühlte er sich bereit, selbst Lehrer zu sein.

Also ging er zu seinem Meister, um ihn um seinen Segen zu bitten. Es war ein regnerischer Tag, so daß er, als er das Haus seines Lehrers betrat, seinen Schirm und seine Holzschuhe draußen stehen ließ.

Der Student sagte: »Meister, ich bin bereit, selbst zu lehren, und ich bitte Euch um Euren Segen.«

Der Meister fragte: »Hast du deine Holzschuhe und deinen Schirm draußen stehenlassen?«

»Ja«, antwortete der Schüler.

»Hast du deinen Schirm rechts oder links von deinen Schuhen stehen lassen?«

Der Student war verwirrt und errötete, denn er konnte sich nicht erinnern.

Und der Meister sagte: »Die Zeit des Lernens ist noch nicht vorüber.«

Das Lernen

Früher ging man davon aus, daß ein Mensch nach Abschluß des Studiums an einer Universität ein »Homo universalis«, ein umfassend gebildeter Mensch war. Heute weisen Diplome und Abschlüsse ihre Träger eher als Meister eines speziellen Feldes einer Wissenschaft aus. Und sogar die beste Ausbildung läßt im eigenen Gebiet immer noch Lernstoff offen. Wie ein altes Sprichwort sagt: »Eine Universitätsausbildung wird niemanden hindern, später noch etwas zu lernen.«

Der geniale Erfinder des Radios, Marconi, diskutierte einmal eine Nacht lang mit einem Freund die unterschiedlichen Aspekte der drahtlosen Kommunikation.

Als der Morgen anbrach, sagte Marconi: »Mein ganzes Leben lang habe ich nun geforscht, aber es gibt immer noch etwas, das ich am Radio überhaupt nicht verstehe.«

»Etwas, das du am Radio nicht verstehst?« fragte sein Freund erstaunt. »Das ist unmöglich. Was meinst du?«

Da sagte Marconi: »Warum funktioniert es?«

Und weiß Gott, der Lernstoff geht uns nie aus.

Lernen, was wirklich zählt

Auch die beste Ausbildung hat ihre Grenzen. »Bildung«, so sagt man, »braucht viele Bücher. Weisheit braucht viel Zeit.«

Arbeiten Sie in Ihrer Gemeinde, in Ihrer Stadt mit, um dafür zu sorgen, daß die dortigen Schulen Ihren Kindern die bestmögliche Ausbildung vermitteln. Sie brauchen es. Sie verdienen es.

Wenn Ihre Schule dazu nicht imstande ist, dann müssen Sie selbst für die gute Ausbildung Ihrer Kinder sorgen. Geben Sie ihnen Unterricht, sorgen Sie für Anregung, Nachhilfe, Privatunterricht. Setzen Sie sich für zusätzliche Bildungsprogramme ein.

Tun Sie, was immer Sie können. Wir können es uns nicht leisten, eine Generation großzuziehen, die unzureichend gebildet ist.

Ihre Kinder zählen auf Sie.

Ein junger Mann kam zu einem Meister und fragte: »Wie lange wird es dauern, bis ich die Erleuchtung erlange?«

Der Meister antwortete: »Zehn Jahre.«

Der junge Mann war erstaunt: »So lange?«

Da sagte der Meister: »Es tut mir leid, ich habe mich getäuscht. Du wirst zwanzig Jahre brauchen.«

Der junge Mann fragte: »Warum habt Ihr die Zahl der Jahre verdoppelt?«

Da antwortete der Meister: »Also, wenn ich jetzt genauer darüber nachdenke, dann wird es in deinem Fall wahrscheinlich dreißig Jahre dauern.«

Wo kann ein Mensch nicht nur lernen, sondern sich auch Weisheit aneignen?

Wie lernt ein Mensch, seine Fähigkeit des Denkens, Verstehens und Erkennens auch zu gebrauchen und zu

Belegen Sie einen Kurs, und zeigen Sie Ihren Kindern so, daß Sie selber weiterlernen wollen, daß Ausbildung nie zu Ende ist.

Sie können eine Zusatzausbildung für ein Diplom oder einen Abschluß machen, den Sie nicht haben. Oder lernen Sie neue Fertigkeiten, um Ihren Horizont zu erweitern.

Was auch immer Ihr Ziel ist, Sie zeigen Ihren Kindern dadurch Offenheit für Neues, Bereitschaft zu lernen, Freude an dem, was Sie umgibt.

Können Sie sich etwas Besseres vorstellen, um Ihre Kinder zu beeindrucken, als wenn diese Sie abends fragen dürfen:
»Hast du deine Hausaufgaben schon gemacht?«

schärfen? Welcher Lehrer beeinflußt nicht nur den Kopf, sondern auch das Herz des Schülers? Wo lernt ein Mensch, Träume in die Realität umzusetzen? Wie durchbricht jemand die selbstauferlegten Beschränkungen, um das uneingeschränkte Potential seines Geistes und seines Körpers zu nutzen?

Solange sie klein sind, sehen Ihre Kinder in Ihnen nicht nur einen Unterstützer und Ernährer, sondern einen Weisen und einen Helden.

Sie sind »die oder der Größte«. Sie wissen die Antworten auf alle Fragen. Sie können die Rätsel ihrer kleinen Welt lösen. Sie halten sie fern von den Gefahren, die ihnen angst machen. Sie schützen sie vor den Monstern, die nachts aus ihrem Versteck kommen.

Wenn Sie klug und geschickt vorgehen und viel Glück haben, dann können Sie in diesen frühen Jahren die Beziehung und das Vertrauen schaffen, das später Ihre Rolle verwandeln wird, so daß Ihre Kinder sich auch als Heranwachsende noch Ihren Rat holen werden.

Aber in der Teenagerzeit denken die meisten Kinder, daß sie selbst alles besser wissen und ihre Eltern »von nichts eine Ahnung« haben. Die meisten sind wie Mark Twain, der, als er siebzehn war, seinen Vater für den dümmsten Menschen auf der ganzen Welt hielt. Als er dann zweiundzwanzig wurde, war er maßlos erstaunt, wieviel der alte Herr in fünf kurzen Jahren gelernt hatte. Sicher hätten Sie es gern, daß Ihre Kinder sich immer wieder Rat und Unterstützung bei Ihnen holen, denn Sie haben ihnen so viel zu geben, so viel mit ihnen zu teilen.

Vor allem in den Jahren, wenn sie ihre wachsende Freiheit und Unabhängigkeit ausprobieren, vor allem in der Zeit, in der sie sich selbst für selbständig und stark halten und Sie doch wissen, daß sie nun besonders verletzlich sind, werden Sie Ihre Kinder an Ihrer lebenslangen Erfahrung und an Ihrem Wissen teilhaben lassen wollen.

Ein Vater entschied eines Abends, daß seine Tochter nun alt genug sei, um zur Scheune zu gehen und die Pferde zu füttern.

Aber das Mädchen hatte Angst.

Also ging der Vater mit seiner Tochter auf die Veranda des Hauses, zündete eine Laterne an, hielt diese hoch und fragte seine Tochter, wie weit sie beim Licht der Lampe sehen könne.

»Ich kann den halben Weg sehen«, antwortete sie.

»Schön«, sagte ihr Vater. »Nun nimm diese Laterne und geh den halben Weg hinunter.«

Das Mädchen tat, wie ihm gesagt worden war, und als es ihr Ziel erreichte, fragte der Vater: »Wie weit kannst du sehen?«

Die Tochter rief zurück, daß sie nun das Tor sehen könne.

»Gut«, sagte der Vater, »geh zum Tor.«

Wieder tat die Tochter, was er gesagt hatte, und als sie das Tor erreicht hatte, fragte der Vater: »Wie weit kannst du sehen?«

»Ich kann die Scheune sehen«, war die Antwort des Mädchens.

»Schön«, rief der Vater. »Nun gehe zur Scheune und öffne die Tür.«

Das Mädchen tat, was er gesagt hatte, und schließlich rief sie zurück, daß sie nun an der Scheune sei und die Pferde sehen könne.

»Hervorragend«, sagte der Vater, »und nun füttere die Pferde.«

Und er ging ins Haus zurück.

Lehren durch Sein

Vielleicht haben Sie auch ein wenig die Befürchtung, daß Ihre Kinder, obwohl sie einst Heldenverehrer waren und obwohl sie heute oft noch formbare Jugendliche sind, eines Tages einfach nicht mehr auf das hören werden, was Sie sagen.

Was können Sie tun?

Sie können immer noch Ihr Wissen an Ihre Kinder weitergeben, Sie können immer noch ihr Denken und ihr Benehmen beeinflussen, wenn Sie nicht in die »Elternfalle« treten und meinen, selbst alles besser zu wissen.

Wenn Ihre Kinder Sie beschuldigen, »keine Ahnung« zu haben, dann sollten Sie nicht versuchen, sie davon zu überzeugen, daß Sie durchaus Ahnung haben. Zeigen Sie ihnen statt dessen, daß sie recht haben und daß Sie tatsächlich nicht alles wissen.

Die »Stellenbeschreibung« von Eltern verlangt keine Perfektion. Sie müssen nicht auf immer der Ritter in blinkender Rüstung oder die weise Königin bleiben. Lassen Sie zu, daß Ihre Kinder Ihre Fehler und Schwächen sehen. Sie dürfen Ihre Verletzungen und Empfindlichkeiten spüren. Sie können ihnen von Ihren zerbrochenen Träumen und von den Ängsten erzählen, die Sie nachts wach halten.

Zeigen Sie Ihren Kindern, daß Sie immer »dran« sind – Menschen, die immer und immer wieder anfangen, die manchmal Erfolg haben und manchmal das Scheitern durchleben müssen.

Zeigen Sie Ihren Kindern, daß Sie immer noch wachsen und sich entwickeln wollen, daß Sie bemüht sind, Ihre Stärken zu festigen und an Ihren Schwächen zu arbeiten. Zeigen Sie Ihren Kindern, daß Sie lernen wollen, daß Sie sich nicht nur auf Ihr eigenes Wissen verlassen, sondern auch bei anderen Rat suchen.

Sie können Ihren Kindern vorleben, daß die zwingenden

Fragen des Lebens, die Dinge des Geistes und des Herzens, die Hoffnungen und die Träume und die Reisen zu neuen Horizonten nie beantwortet und beendet sind, sondern daß sie alle Teil eines immerwährenden Dialoges von Ahnung und Wissen sind.

Als ich meinen Vollzeitjob als Rabbi einer Gemeinde aufgab, um nur noch Lehrer, Autor und Dozent zu sein, waren meine Kinder sehr erschrocken und besorgt.

Ihr ganzes Leben lang hatte ich in einem bestimmten Umfeld gearbeitet und eine bestimmte Rolle ausgefüllt. Jetzt waren plötzlich das gewohnte Leben, seine Struktur und die Sicherheit in Frage gestellt. Meine Kinder wollten alles mögliche wissen: Was würde ich sein, wenn ich nicht mehr Rabbi war? Wo würde mein Platz sein, wenn ich nicht jeden Tag zur Synagoge ging? Welche Funktion würde ich haben, wenn ich nicht mehr bei Hochzeiten und Beerdigungen auftrat? Wieviel Geld würde ich bekommen, wenn ich nicht mehr angestellt war?

Ich hätte ganz einfach sagen können: »Macht euch keine Sorgen, alles wird gut werden, vertraut mir.«

Aber das wäre wirklich eine »Macho«-Lüge gewesen, und meine Söhne, einfühlsam und klug, hätten mich gewiß durchschaut.

Statt dessen ließ ich sie teilhaben an meinem Wunsch und der Notwendigkeit einer Veränderung nach der Hälfte meines Berufslebens. Ich erzählte ihnen von den Freuden und den Frustrationen eines zwanzigjährigen Lebens im Dienst an Gott und der Gemeinde. Da sie mit mir und meinem Beruf all diese Jahre zusammengelebt hatten, verstanden sie mich viel besser, als ich es je hätte erklären können. Ich berichtete ihnen von der Art, wie ich arbeiten wollte, von den neuen Ideen und Visionen, die ich hatte, den neuen Entfaltungsmöglichkeiten für Phantasie und Kreativität. Ich ließ sie teilhaben an meinen neuen Träumen, die endlich ausgesprochen werden konnten, und den neuen Hoffnungen, die nun erfüllt werden würden.

Und ich sprach auch von meinem Zögern, meinen Bedenken und meinen Ängsten zu ihnen.

Ich stellte ihnen die neuen Lehrer und Leitbilder in meinem Leben vor, Menschen, deren Wissen und Erfahrung mir helfen würde, meinen neuen Weg zu entdecken und zu ebnen.

Sie verstanden und respektierten, was ich tat, obwohl wir alle immer noch vor den schwierigen und furchteinflößenden Veränderungen Angst hatten. Sie ermutigten mich vom ersten Augenblick an, unterstützten mich in schmerzvollen Momenten des Scheiterns und freuten sich mit mir an meinen ersten Erfolgen.

Anstatt meine Kinder von einer der wichtigsten Entscheidungen meines Lebens auszuschließen, ließ ich sie an der Wahrheit und an dem Entwicklungsprozeß teilhaben. Sie kannten das Risiko und die möglichen Rückschläge. Ich vertraute ihnen meine Gefühle an, und sie schenkten mir dafür ihr Vertrauen in meine Entscheidungen.

Außerdem hoffe ich, daß sie dabei lernten, anderen gegenüber ehrlich und offen zu sein, Risiken einzugehen und Mut zu haben, unerschrocken ihrem Instinkt zu vertrauen und ihre eigenen Träume zu verwirklichen.

Ein Schüler kniete nieder, um in die Lehre eingeführt zu werden.

Der Guru flüsterte das heilige Mantra in sein Ohr mit der strengen Warnung, daß es niemandem anderen anvertraut werden dürfe.

»Was passiert, wenn ich es weitererzähle?« fragte der Schüler.

Der Guru antwortete: »Jeder, dem du das heilige Mantra eröffnest, wird von Beschränktheit und Leiden befreit sein. Aber du wirst aus der Schülerschaft ausgeschlossen und verdammt werden.«

Sowie er die Worte des Gurus vernommen hatte, lief der Schüler auf den Marktplatz, scharte eine große Menschenmenge um sich und rief das heilige Wort so laut, daß jeder es hören konnte.

Die anderen Schüler berichteten dies sofort dem Guru und verlangten, daß der neue Schüler der Einrichtung verwiesen werden solle.

Der Guru lächelte und sagte: »Dieser Mann braucht nichts mehr von dem, was ich ihm beibringen könnte. Seine Tat hat ihn selbst als Guru ausgewiesen.«

Wenn Sie Ihren Kindern zeigen, daß Sie ein Mensch mit Stärken und Schwächen sind – nicht so wie das heldenähnliche Bild, das die Kinder von Ihnen hatten, als sie noch klein waren, und von dem sie enttäuscht werden *müssen* –, dann wird Ihre Stimme weitaus mehr wiegen, Sie werden glaubhafter sein. Denn wie schwer oder desillusionierend der Weg auch immer sein mag, so respektieren gemeinsame »Streiter« doch die Reise des anderen und lernen davon und gehen oft, wenn auch nicht körperlich, so doch geistig, ein Stück Wegs gemeinsam.

TIP NUMMER 31
SEIEN SIE EIN MENTOR

Was immer Ihre Lebenssituation ist, es wird doch immer jemanden geben, der Ihr Wissen, Ihre Erfahrung und Ihre Anleitung braucht.

Vielleicht ist das ein junger Verwandter, vielleicht ein Nachbar oder ein Freund, ein Kollege, ein Gemeindemitglied, jemand in einer Selbsthilfegruppe. Wenn Sie jemandem einen Rat geben, dann teilen Sie sich selbst mit einem anderen, der Sie braucht. Wenn Sie ein Mentor werden, bereichern Sie das Leben des Menschen, der Sie um Hilfe gebeten hat. Sie geben etwas zurück in den ewigen Kreislauf von Lernen und Lehren, so, wie der weise Rabbi sagte: »Ich habe viel von meinen Lehrern gelernt, aber noch mehr von meinen Schülern.«

Schaffe dir einen Freund

Der Satz des alten Weisen, der uns den Rat gibt, uns einen Lehrer zu suchen, endet mit dem Hinweis: »Und schaffe dir einen Freund.«

Der Weise verstand, daß Lehrer und Mentoren den Intellekt bilden, das Herz anrühren und den Geist inspirieren. Aber über diese wichtigen Lehren hinaus gibt es noch das kostbarste aller menschlichen Geschenke: die tiefe Seelenverbindung treuer und intimer Freunde.

Der Poet sagt: »Ich suchte meine Seele / Aber ich konnte meine Seele nicht sehen. / Ich suchte nach meinem Gott,

TIP NUMMER 32
KNÜPFEN SIE NEUE FREUNDSCHAFTEN
UND PFLEGEN SIE DIE ALTEN

Früher war es einfacher, Freundschaften zu schließen und zu erhalten. Freunde waren die Menschen in der Nachbarschaft, dieselben, mit denen man zur Schule ging, zusammen spielte und arbeitete. Die Kinder, mit denen man den Kindergarten besuchte, wurden oft zu lebenslangen Freunden.

In unserer schnellebigen, mobilen Welt ist es viel schwerer, Freunde zu finden, denn Freundschaften zu schließen und zu bewahren kostet Zeit und emotionale Energie – zwei Dinge, die nur wenige haben und immer weniger Menschen zu investieren bereit sind.

Zeigen Sie Ihren Kindern, daß Sie Interesse daran haben, alte Freundschaften zu erhalten und zu bewahren. Zeigen Sie ihnen, daß Sie bereit sind, die Zeit und Energie zu investieren, die es kostet, neue Freundschaften zu schließen und zu erhalten. Damit zeigen Sie ihnen den Wert der Freundschaft.

Wenn Sie Ihren Kindern zeigen, was es heißt, einen Freund zu haben, dann wissen sie auch, was es heißt, ein Freund zu sein.

aber mein Gott entzog sich mir. / Ich suchte nach einem Freund / Und da fand ich alle drei.«

Khalil Gibran drückt es am einfachsten aus: »Dein Freund ist die Beantwortung aller deiner Bedürfnisse.« Wahrscheinlich hatte er Freunde so wie diese:

»Mein Freund ist vom Schlachtfeld nicht zurückgekommen, Sir«, sagte ein Soldat. »Ich erbitte Erlaubnis, hinausgehen zu dürfen, um nach ihm zu suchen.«

»Verweigert«, sagte der Offizier. »Ich möchte nicht, daß Sie Ihr Leben für einen Mann riskieren, der wahrscheinlich tot ist.«

Der Soldat ging dennoch, ohne das Verbot zu beachten. Eine Stunde später kehrte er zurück, den Leichnam seines Freundes tragend und selbst tödlich verletzt.

Der Offizier war voll Trauer. »Ich habe Ihnen gesagt, er würde tot sein«, sagte er. »Jetzt habe ich Sie beide verloren. Sagen Sie mir, war es wert, hinauszugehen, um einen Leichnam zurückzubringen?«

»Ja, das war es, Sir«, antwortete der sterbende Mann. »Wissen Sie, als ich zu ihm kam, lebte er noch, und er sagte zu mir: ›Jack, ich wußte, daß du kommen würdest.‹«

Sie können Ihren Kindern zeigen, daß es die Aufgabe des Menschen ist, Beziehungen zu knüpfen, Freundschaften zu schaffen, die ihm Verbindung und Intimität, Verantwortung und Hingabe, Befriedigung und tiefste Freude verschaffen.

Familie und Wahlverwandtschaften

Immer wiederkehrende Ereignisse des Lebens, vor allem Feiertage, pflegten früher inmitten riesiger Familien gefeiert zu werden.

Große Familientraditionen und die legendären Erinnerungen, die mit ihnen verknüpft sind, sterben langsam aus, denn Eltern, Großeltern, Kinder und Enkel leben nicht mehr in derselben Umgebung.

Selbst engste Verwandte sind oft über das ganze Land oder die Welt verstreut. Sie können nicht einmal mehr an Feiertagen oder großen Anlässen zusammensein und sind auf einen Telefonanruf und die gemeinsame Sehnsucht angewiesen.

Aus diesem Grunde nehmen wirkliche Freundschaften eine neue und wichtige Rolle in unserer Gesellschaft ein. Heute werden besondere Anlässe oft nicht mehr mit den Blutsverwandten, sondern mit den »Wahlverwandten«, den Freunden, begangen.

Statt Dutzenden von Onkeln, Tanten, Kusinen ersten und zweiten Grades bevölkern an Weihnachten oder Geburtstagen jetzt Freunde das Haus – dieses Jahr bei uns, nächstes Jahr bei euch –, um zu feiern und dabeizusein.

Sie können Ihren Kindern zeigen, daß Freunde die wichtigsten Momente des Lebens miteinander teilen können – Erinnerung, Freude und Trauer –, indem sie gemeinsame Geschichte und gegenseitiges Erinnern pflegen.

In Freundschaft

Sie können Ihren Kindern zeigen, daß Freundschaft Hingabe bedeutet, die man gibt und erhält.

Ein Mann beobachtete eine Frau in einem Krankenhaus, die die eiternden Wunden am Körper ihrer Freundin auswusch.

»Das würde ich nicht für eine Million Mark tun«, sagte er.

*In Familientraditionen verankerte Kindheitserinnerungen
bringen Wärme und Sicherheit und oft ein Ziel in das
Leben des Erwachsenen.*

*Wenn Ihre Familie nicht oft zusammensein kann, um die
Ereignisse des Lebens und die Feiertage gemeinsam zu
begehen, dann können Sie sich mit Ihren Freunden zu
bestimmten Anlässen und wichtigen Ereignissen treffen.*

*Zeigen Sie Ihren Kindern, daß die größten Momente des
Lebens viel schöner und sinnvoller werden, wenn sie mit
liebevollen Freunden geteilt werden.*

*Gemeinsam mit Ihren Freunden, mit Ihren und deren
Kindern können Sie Rituale und neue Traditionen schaffen, die Ihren Zusammenkünften Sinn und Bedeutung
geben.*

*Wenn Ihre Kinder gemeinsam mit Ihnen persönliche
Rituale und neue Gebräuche beim Feiern schaffen dürfen,
dann werden sie, wenn sie erwachsen sind, mit ihren
eigenen Kindern den Kreislauf von vorn beginnen.*

Ohne ihre Arbeit zu unterbrechen, antwortete die Frau:
»Das würde ich auch nicht.«

Wie E. W. Howe sagte: »Wenn ein Freund in Schwierigkeiten ist, verärgere ihn nicht, indem du fragst, was du
tun kannst. Denk dir etwas Passendes aus und tue es.«

Sie können Ihren Kindern zeigen, daß Freundschaft der Ort ist, wo Geheimnisse erzählt und gehört werden können, wo Vertraulichkeiten ausgesprochen und angenommen werden, wo Ängste und Wahrheiten zugegeben und geteilt werden können.

Lehren Sie Ihre Kinder, daß Freundschaft der Spiegel der Wahrheit ist, der ihnen immer vor Augen gehalten werden wird, so daß sie sich selbst deutlich sehen können.

Die eindringliche Wahrheit dieser Worte, eine Wahrheit, die sowohl ängstigt als auch tröstet, wurde mir besonders deutlich, als ich Freunden und Kollegen Kopien dieses Manuskriptes zum Lesen und zur Kritik gab.

Wer sind meine Freunde, die Menschen, die mir Anleitung und Richtung geben, bei denen ich Offenheit, in Freundlichkeit verpackt, und Ehrlichkeit, in Sanftheit gewickelt, suche? Wer sind die Menschen, von denen ich glaube, daß sie meine Interessen und Bedürfnisse über ihre eigenen stellen, und die liebevolle Kritiker sein werden, gefühlvoll, unterstützend und ermutigend?

Wer sind die Menschen, für die ich genau dasselbe tun würde, ohne auch nur einen Moment lang darüber nachzudenken?

Einer ist ein Freund, den ich kenne, seit wir sieben Jahre alt waren, ein anderer, seit wir fünfzehn waren. Einer ist ein Kollege, mit dem ich vor mehr als fünfundzwanzig Jahren die Universität und das Rabbinat besuchte. Zwei sind Berufskollegen, mit denen ich die letzten zwanzig Jahre zusammengearbeitet habe. Einer ist ein katholischer Priester, der an der Universität lehrt. Zwei sind neue Freunde, die ich erst in den letzten Jahren kennengelernt habe. Einer ist meine Lebenspartnerin, meine Frau. Mit jedem von ihnen verbindet mich eine besondere und einzigartige Beziehung, gegründet auf unseren gemeinsamen Erfahrungen und gegenseitigen Respekt. Allen bin ich in Liebe und gegenseitiger Hingabe zugetan. Im Laufe der Jahre haben wir so vieles, was das Leben bereithält, miteinander geteilt: Wir haben auf Hochzeiten getanzt und bei Scheidungen getröstet. Wir haben uns über die Geburt von Kindern gefreut und sie heranwachsen sehen. Wir haben Eltern zu Grabe getragen, wir haben gelacht und persönliche und berufliche Erfolge gefeiert. Und wir haben geweint und einander in schmerzvollen Momenten des Scheiterns gestärkt.

Das sind meine Freunde, die Menschen, denen ich mein Herz öffne, diejenigen, denen gegenüber ich etwas riskiere, denen ich alles anvertraue, was mir am kostbarsten ist. Ich habe ihnen mein Manuskript zu lesen gegeben, so wie ich mein Leben mit ihnen teile, weil ich wußte, daß ich meine Seele in den ihren widergespiegelt sehen würde.

Zeigen Sie Ihren Kindern, daß sie in der Freundschaft alles finden, was den Menschen ausmacht: Triumph, Lachen und Liebe, die Möglichkeit großer Freude und großen Glücks, aber auch Verzweiflung, Bitterkeit und Trauer, die Möglichkeit tiefen Schmerzes.

Ein Freund zu sein kann die wunderbarste, aber auch die schwierigste Aufgabe des Lebens sein. Wie alle menschlichen Beziehungen wird auch die Freundschaft Momente der Euphorie haben, ebenso wie schwere Zeiten der Desillusionierung, des Ärgers und der Wut auf den ande-

TIP NUMMER 34
SETZEN SIE AUF EINE MANNSCHAFT

Wenn Sie als Kind oder Jugendlicher Fan einer bestimm-
ten Fußballmannschaft waren, dann wissen Sie, was es
heißt, einem Club treu zu sein, egal, wie oft die Spieler
verlieren oder wie selten sie gewinnen.
Zeigen Sie Ihren Kindern Ihre Loyalitäten – nicht nur
gegenüber Ihrer Mannschaft.
Zeigen Sie Ihren Kindern, daß Sie an diesen Loyalitäten,
unabhängig von der Situation oder den Umständen, fest-
halten, daß Sie die Meinungen Außenstehender hierzu
ignorieren, Druck oder Überredungsversuchen nicht nach-
geben. Dann lehren Sie ihre Kinder, was Treue bedeutet.
Zeigen Sie Ihren Kindern, was es heißt, bestimmt, deutlich
und unbeirrt zu einer Freundschaft zu stehen.

ren. Dennoch ist eine große Freundschaft die ganze Arbeit, die es kostet, sie zu bewahren, wert.

Zeigen Sie Ihren Kindern, daß Freundschaft Loyalität
bedeutet, die vertrauensvolle Hingabe eines Menschen
an den anderen.

Blinde Loyalität ist gefährlich. Wird sie nicht reflektiert,
dann kann sie zu Fundamentalismus und Aufgabe des eigenen Willens führen. Aber die wohlüberlegte Loyalität
kann eine der schönsten Tugenden des Lebens sein, sie
zeugt von Vertrauen, Glauben, Treue und Hingabe.

Josiah Royce sagte: »Wer keine Art der Loyalität finden
kann, der findet auch Gemeinschaft und Frieden nicht.«

Freundschaften und Feindschaften

Leider ist es so: Wenn ein Mensch sich für Anstand und
Ehrlichkeit einsetzt, wird er oft von anderen bekämpft,
die Mißverhalten und Korruption betreiben.

Deshalb sagt ein altes Sprichwort: »Ein Mann wird nicht
nur an dem Umgang gemessen, den er hat, sondern auch
an den Feinden, die er sich macht.«

Sie können Ihren Kindern zeigen, daß sie, wenn ihre
Prinzipien auf dem Prüfstand stehen oder ihr Sinn für
moralisches Recht verletzt wird, stolz ihre Feinde zählen
und diese Feindschaft als ein Ehrenzeichen tragen können. Aber Sie können Ihren Kindern auch beweisen, daß
ein Feind nicht für immer ein Feind sein muß.

Zeigen Sie ihnen, daß sie großzügig sein sollen, wenn sie
selbst im Streit die Oberhand gewinnen. Wie das nieder-
ländische Sprichwort sagt: »Wenn dein Feind den Rück-
zug antritt, baue ihm eine goldene Brücke.«

Oder bringen Sie ihnen die Worte von Abraham Lincoln
nahe, der so klug fragte: »Zerstöre ich nicht meine Feinde, wenn ich sie zu Freunden mache?«

Das Gesicht der Freundschaft

Der Meister fragte seine Schüler, ob sie ihm sagen könnten, wann die Nacht zu Ende sei und der Morgen begonnen habe.

Einer sagte: »Wenn man ein Tier in der Ferne sieht und
sagen kann, ob es ein Pferd oder eine Kuh ist.«

»Nein«, antwortete der Meister.

Ein anderer sagte: »Wenn man einen Baum in der Ferne sieht und sagen kann, ob es ein Feigenbaum oder ein Pfirsichbaum ist.«

»Wieder falsch«, antwortete der Meister.

»Also«, fragten die Schüler, »sagt uns die Antwort.«

Und der Meister sagte: »Wenn ihr in das Gesicht eines Mannes oder einer Frau seht und erkennt, daß er euer Bruder, daß sie eure Schwester ist. Denn wenn ihr das nicht könnt, dann spielt es gar keine Rolle, wo die Sonne steht, es wird doch immer Nacht um euch sein.«

In jedem Freund, in jeder Freundschaft können Sie ein Leben sehen und widerspiegeln, das ebenso kostbar ist wie Ihr eigenes.

Und in jedem Freund, in jeder Freundschaft können Sie eine Vision der Hoffnung für die ganze Welt entdecken: eine Zukunft, in der Menschen einander in Verwandtschaft und Freundschaft begegnen und ein vielfarbiges Tuch des Respekts, des guten Willens und der Zuneigung schwenken werden.

Zwei Freunde

Es waren einmal zwei sehr gute Freunde – Samuel und Jakob. Sie lebten zusammen, studierten zusammen und verbrachten die meiste Zeit gemeinsam.

Nachdem sie erwachsen waren, geheiratet und Kinder bekommen hatten, zog Samuel in ein anderes Land. Dennoch wollten beide ihre Freundschaft weiterbestehen lassen. Also versprachen sie einander, daß sie versuchen würden, sich einmal im Jahr zu besuchen.

Auf einer seiner Reisen kam Jakob in die Nähe der Stadt, in der Samuel lebte. Natürlich wollte er seinen besten Freund sehen.

Aber Jakob wußte nicht, ob es ihm möglich sein würde, Samuel zu besuchen, denn dessen Land lag im Krieg mit einem anderen Staat, und es war zu der Zeit sehr gefährlich, sich in der Nähe von Samuels Wohnort aufzuhalten.

Jakob kam des Abends in Samuels Stadt, aber bevor er noch das Haus seines alten Freundes finden konnte, wurde er von der Geheimpolizei festgenommen. Man beschuldigte ihn, ein Spion zu sein, der gekommen sei, um militärische Geheimnisse zu stehlen.

Jakob wurde sogleich vor ein Kriegsgericht gestellt, für schuldig befunden und zum Tode verurteilt. Was für ein schreckliches Schicksal für jemanden, der doch nur seinen alten Freund hatte besuchen wollen!

Jakob war sehr traurig, als er in seiner Zelle saß und auf die Hinrichtung wartete. Er dachte an seine Frau und seine kleinen Kinder und weinte bitterlich.

Als die Zeit für Jakobs Hinrichtung gekommen war, kam – wie es Sitte im Lande war – auch der König, um zuzuschauen. Als er den König sah, fiel Jakob auf seine Knie nieder und rief: »Majestät, großer König, ich bin unschuldig. Ich habe diese schrecklichen Verbrechen nicht begangen, und doch bin ich schrecklich bestraft worden. Gnädiger König, ich bitte Euch um eines. Bitte gebt mir eine Woche Zeit, nach Hause zurückzukehren, meine Sachen in Ordnung zu bringen, mich von meinen Kindern und meiner Frau zu verabschieden und für ihre Zukunft zu sorgen. Ich gebe Euch mein Wort, mein heiliges Versprechen, daß ich in einer Woche zurückkehren werde, um meinem Schicksal ins Auge zu sehen.«

Der König lachte. Er sagte: »Meine Richter haben mir gesagt, daß du ein Spion bist, und du bittest mich um eine Woche Aufschub? Woher soll ich wissen, ob dein Versprechen etwas wert ist? Wie kann ich sicher sein, daß du zurückkehren wirst.«

Bevor Jakob ihm antworten konnte, schob sich ein Mann durch die Menge.

»Guter König«, sprach er, »ich will der Bürge für diesen Mann sein. Ich werde seinen Platz im Gefängnis einnehmen, und wenn er in einer Woche nicht wie versprochen zurück ist, dann kannst du mich an seiner Statt hängen.«

Der König war erstaunt. Er sagte: »Wer bist du, und warum opferst du dich anstelle dieses Gefangenen?«

Der Mann antwortete: »Mein Name ist Samuel. Dieser Mann, Jakob, ist mein Freund, seit ich denken kann. Ich weiß, daß er ein guter Mann ist, und ich weiß, daß er in unserer Stadt in Schwierigkeiten geraten ist, nur weil er mich besuchen und unsere Freundschaft ehren wollte. Ich vertraue ihm. Wenn er sagt, daß er zurückkehren wird, dann wird es so sein. Also, laßt ihn gehen und für die Seinen sorgen, während ich seinen Platz einnehme.«

Der König war so bewegt von Samuels Worten, daß er zustimmte. Jakob erhielt für eine Woche Aufschub, um nach Hause zu gehen, und Samuel wurde ins Gefängnis geworfen.

Die Woche verging. Der Galgen war bereit. Die Zeit der Hinrichtung kam, aber Jakob kehrte nicht zurück.

Die Sonne sank, und es wurde dunkel. Noch immer war Jakob nicht zurückgekehrt, und niemand in der Stadt rechnete damit, daß er noch käme. Der König und die Adligen kamen zum Marktplatz, wo schon eine große Menschenmenge versammelt war, um den Ausgang dieser Sache zu verfolgen.

Samuel wurde aus dem Gefängnis geholt und unter den Galgen gestellt. Es war dunkel, der Mond ging auf, und die Sterne blinkten am Himmel. Der König gab den Befehl: »Beginnt mit der Hinrichtung.« Der Henker schlang den Strick um Samuels Hals.

Plötzlich hörte man einen lauten Schrei: »Wartet, wartet, ich bin hier! Tut meinem Freund nichts zuleide. Ich bin hier, um mein Urteil selbst entgegenzunehmen.«

Es war Jakob, der sich durch die Menge schob. Er eilte zu seiner eigenen Hinrichtung, um seinen Freund zu retten.

Die Menschen auf dem Marktplatz freuten sich und klatschten.

Der König aber war von der großen Treue der beiden Freunde so gerührt, daß er sagte: »Aufgrund eurer Freundschaft will ich den Fremden begnadigen. Er soll frei sein.«

Und indem er sich Jakob und Samuel zuwandte, sagte er: »Es gibt nur eines, um das ich euch bitte. Laßt mich euer Freund sein.«

Eine Frage für die Vier- bis Achtjährigen
Dein bester Freund hat dir gerade eröffnet, daß er dich
nicht mehr mag und nichts mehr mit dir zu tun haben
möchte.
Wie fühlst du dich? Was tust du?

Eine Frage für die Neun- bis Zwölfjährigen
Du bist eine talentierte Musikerin oder eine Malerin,
Tänzerin oder Computerspezialistin. Du nimmst besonderen Unterricht bei einem sehr guten Lehrer, der nur
die besten Schüler annimmt. Deine Freundin möchte
auch dort unterrichtet werden und bittet dich, dich bei
deinem Lehrer für sie einzusetzen. Du glaubst nicht, daß
deine Freundin das Talent oder die Fähigkeit hat, an
dem Unterricht teilzunehmen, aber du weißt auch, daß
deine Meinung für deinen Lehrer wichtig sein wird.
Was tust du?

Eine Frage für die Teenager
Deine beste Freundin ist in letzter Zeit sehr deprimiert
gewesen. Gestern abend hat sie dir am Telefon erzählt,
daß sie an Selbstmord denkt. Sie hat gesagt, sie habe genügend Tabletten, um »Schluß zu machen«. Dann sagte
sie: »Wenn du wirklich meine Freundin bist, dann wirst
du niemandem davon erzählen.«
Was tust du?

Friedfertigkeit

Viele Jahre lang lebten zwei Männer auf benachbarten Far-
men. Sie waren die besten Freunde und halfen einander oft
beim Säen und beim Ernten.
Eines Tages sagte der eine zum andern: »Weißt du, in all
den Jahren, die wir uns jetzt kennen, haben wir nie mitein-
ander gestritten und nie ein grobes Wort zum anderen ge-
sagt. Warum versuchen wir nicht einmal zu streiten, wie es
alle anderen Leute auch tun?«
Sein Freund antwortete: »Ich weiß nicht einmal, wie es zu
einem Streit kommt. Wie sollen wir das anstellen?«
Der erste dachte für eine Weile nach und sagte dann: »Ich
weiß etwas. Wir haben keine Zäune zwischen unseren
Grundstücken, also laß uns über das Stück Land da vorn
streiten. Obwohl ich weiß, daß es dir gehört, werde ich be-
haupten, es sei meines. Dann können wir uns genauso strei-
ten wie alle anderen Leute.«
Und er tat, was er gesagt hatte. Er rief: »Siehst du das
Stück Land da vorn? Es gehört mir.«
Der Nachbar antwortete: »Nein, es ist meines.«
Der erste sagte: »Nein, ich bin sicher, es gehört mir.«
Und sein Freund sagte: »Also gut, wenn du so sicher bist,
dann glaube ich dir. Es gehört dir.« Und er ging, unfähig
zu streiten.

Länder kämpfen nicht. Völker erklären keinen Krieg. Politische Ideologie ist keine heilige Sache, und Landesgrenzen wurden nicht schon bei der Schöpfung unveränderlich in die Erde gegraben.

Menschen, ursprünglich mit guten Herzen geborene Individuen, lernen auf irgendeine Weise genügend Gottlosigkeit und Haß, genug Antipathie und Feindseligkeit, um als Erwachsene zu den Königen, Präsidenten und Generälen zu werden, die sie selbst und ihre Söhne und Töchter in den Krieg schickten – zu töten und getötet zu werden.

Sie können Ihren Kindern zeigen, daß es Frieden geben kann, wenn es keine Soldaten gibt, die kämpfen werden, keine Generäle, die befehlen werden, und keine Präsidenten, die Kriege erklären.

Wie es der Philosoph Spinoza darstellte: »Frieden ist nicht die Abwesenheit des Krieges, er ist eine Tugend, ein Zustand des Geistes ...«

Sie können Ihren Kindern beibringen, daß es Frieden in der Welt geben wird, wenn es zwischen den Völkern Frieden gibt. Es wird Frieden zwischen den Völkern geben, wenn in den Gemeinschaften Frieden herrscht. In den Gemeinschaften wird Frieden herrschen, wenn in den Häusern Frieden ist. Und in den Häusern wird Frieden sein, wenn in den Herzen der Menschen Frieden ist.

Sie können Ihren Kindern zeigen, daß man für den Frieden arbeitet, indem man andere versteht und mit ihnen fühlt.

Es wird die Geschichte von einem Volk erzählt, das vor einem großen Erdbeben gewarnt wurde, das alles Wasser ihres Landes verschlingen würde. Von dem neuen Wasser, das dann käme, zu trinken, würde – so die Warnung – alle Menschen dumm und verrückt machen.

Aber was konnten sie tun? Sie mußten Wasser trinken, um zu überleben. Also beschlossen die Menschen, daß sie, was immer geschehen würde, von dem neuen Wasser trinken müßten. Nur der König war besorgt wegen der Konsequenzen. Deshalb ließ er vor dem Erdbeben große Behälter mit altem Wasser in sein Bergschloß schaffen, so daß er bis ans Ende seiner Tage genügend sauberes Wasser haben würde.

Bald kam das Erdbeben, und das Wasser wurde verschlungen. Das neue Wasser füllte jeden Ozean, jeden See, jeden Fluß, Bach und Teich.

Einige Monate später stieg der König ins Tal hinab, um zu sehen, was geschehen war.

Tatsächlich war jedermann verrückt geworden.

Aber die Leute griffen ihn an, denn er war derjenige, der anders war. Alle Menschen dachten, der König sei verrückt.

Unglücklich zog sich der König wieder in sein Bergschloß zurück und war froh über das Wasser, das er für sich bewahrt hatte.

Aber nach einiger Zeit empfand er die Einsamkeit als

Tip Nummer 35
Halten Sie Familienkonferenzen ab

Wenn Sie regelmäßige Familienkonferenzen einberufen, dann zeigen Sie Ihren Kindern, wie sie sich auf ihre eigenen Gefühle und Bedürfnisse konzentrieren, gleichzeitig aber auch lernen können, auf die Gefühle und Bedürfnisse anderer zu achten.

In diesen Familienkonferenzen können Sie Ihren Kindern zeigen, wie man Konflikte löst, Kompromisse schließt und Frieden über Streit stellt.

In Ihren Familienkonferenzen kann jeder eine Stimme haben. Gleichzeitig können Sie, indem Sie auf ihr elterliches Vetorecht pochen, Ihren Kindern wirklichkeitsnah zeigen, wie man eine Niederlage akzeptiert und mit Enttäuschungen umgeht.

Ihre Familienkonferenz kann als Mikrokosmos dienen, in dem Ihre Kinder lernen, daß es besser ist, einen gemeinsamen Nenner zu finden, als zu kämpfen, besser, zu verhandeln, als zu streiten. Sie werden lernen, daß der beste Weg, potentielle Konflikte zu vermeiden, der ist, eine Lösung zu finden, die für jeden positive Seiten bereithält.

unerträglich. Er sehnte sich nach menschlicher Gemeinschaft, und so stieg er nochmals ins Tal hinab.

Wieder wurde er von den Menschen dort abgewiesen, weil er so anders war als sie.

Der König ging zurück in die Berge und hatte sich bereits einen Tag später entschieden. Er goß alles Wasser, das er bewahrt hatte, fort, trank von dem neuen Wasser und schloß sich allen anderen Menschen in ihrer Verrücktheit an.

Er war wieder in Frieden mit der menschlichen Gemeinschaft.

Frieden durch Akzeptieren

Sie können Ihren Kindern zeigen, daß man Frieden schafft, indem man die Unzulänglichkeiten oder Fehler anderer akzeptiert.

Eine Frau beschloß, einen Blumengarten anzulegen.
Sie bereitete die Erde vor und säte viele schöne Blumen ein.
Aber als der Garten in Blüte stand, war er nicht nur voller bunter Blumen, sondern auch übersät mit Löwenzahn.
Die Frau suchte den Rat von Gärtnern und erprobte jede Methode, den Löwenzahn loszuwerden, aber nichts half.
Der Löwenzahn blieb.
Schließlich machte die Frau den langen Weg in die Nachbarstadt, um dort mit dem erfahrensten Gärtner der ganzen Gegend zu sprechen.
Schon viele hatten den klugen und erfahrenen Mann um Rat gefragt, und er hatte auch eine Reihe von Tips für die Frau parat. Aber sie hatte alles schon ausprobiert.
Eine lange Zeit saßen der Gärtner und die Frau schweigend da, und jeder dachte über mögliche Lösungen des Problems mit dem Löwenzahn nach.

Schließlich schaute der Gärtner die Frau an und sagte: »Nun, ich schlage vor, Sie lernen, den Löwenzahn zu mögen.«

Sie können Ihren Kindern sagen, daß es Frieden geben wird, wenn sie lernen, sich selbst und andere zu mögen, mit deren Leben sie in Berührung kommen – die wundervollen, bunten Blumen, die sie loben und bestaunen werden, und den Löwenzahn, den sie erst lieben lernen müssen.

Frieden durch Aussöhnung

Sie können Ihren Kindern zeigen, daß man Frieden schafft, indem man sich bemüht, Konflikte auszusöhnen. Vor vielen Jahren, als meine Kinder ungefähr sechs und acht Jahre alt waren, kamen sie mit mir an einem Samstagmorgen in die Synagoge, während ihre Mutter krank zu Hause war.

Es war spät im Dezember, während des acht Tage währenden Chanukka-Festes, und es waren an diesem Tag viele Menschen in der Synagoge.

Nach dem Gottesdienst und dem Kiddusch, der gemeinschaftlichen Stunde, in der meine Söhne ihre Portion Kekse und Kuchen verspeisten, bat ich sie, in meinem Büro zu warten, während ich noch mit einigen Gläubigen sprach.

Später kehrte ich in genau dem Moment ins Büro zurück, als Scott, der ältere, Seth mit einer Chanukka-Kerze über den Kopf schlug. Es handelte sich keineswegs um eine dünne, kleine Kerze, die man zu Hause verwendet, sondern um eine große, schwere, die für die Synagoge bestimmt ist.

Ich hörte den Schlag der Kerze auf dem Kopf und den Schmerzensschrei meines jüngeren Sohnes und wurde sogleich aktiv. Ich nahm Seths Kopf in die Arme, riß Scott die Kerze aus der Hand und begann zu schreien.

»Was machst du denn? Du hättest deinen Bruder umbringen können! Was ist bloß los mit dir? Kannst du nicht einmal ohne deine Mutter in die Synagoge kommen und dich trotzdem benehmen? Das reicht jetzt! Jetzt kriegt ihr Ärger. Nehmt eure Mäntel, wir gehen nach Hause. Und denkt euch besser schon aus, wie ihr das eurer Mutter beibringt.«

Und dann kam ich mit der schlimmsten Strafe, die mir einfiel: »Heute abend keine Chanukka-Geschenke.«

Die Proteste begannen sogleich.

Seth: »Was soll das heißen, keine Chanukka-Geschenke? Ich habe nichts getan. Er hat mich geschlagen. Warum soll ich bestraft werden?«

Scott: »Immer ergreifst du seine Partei. Du hast nur die letzte Sekunde von allem gesehen, was geschehen ist. Seit wir hier sitzen, nervt und ärgert und schlägt er mich. Am Ende habe ich mich dann verteidigt, und du schiebst mir die ganze Schuld zu. Es ist nicht mein Fehler, er hat angefangen.«

Ich: »Nun hört mal gut zu. Euer Verhalten ist absolut unangebracht. Brüder sollen sich nicht so streiten, und schon gar nicht in der Synagoge. Es tut mir leid, aber das hier ist zu schwerwiegend, als daß ich es einfach vergessen könnte. Heute abend keine Chanukka-Geschenke.«

Seth: »Das ist nicht fair!«

Scott: »Immer ergreifst du seine Partei, weil er jünger ist. Du hörst nie auf mich.«

Ich: »Wir gehen jetzt nach Hause.«

Es ist ganz offensichtlich, daß ich die Situation nicht besonders gut meisterte.

Ich hatte Angst, daß Seth wirklich verletzt sein könnte. Und ich ärgerte mich, daß meine Söhne sich ausgerechnet in der Synagoge so unmöglich benahmen. Schließlich sollen »Pfarrers Kinder« doch immer kleine Engel sein, oder? Was würden die Gemeindemitglieder sagen, wenn sie davon erführen?

Also gingen wir nach Hause und erzählten der Mutter alles, was vorgefallen war. Sie war genauso erbost wie ich und hielt die Entscheidung aufrecht, daß es keine Chanukka-Geschenke geben würde.

Das Anzünden der Kerzen war an diesem Abend eine traurige Angelegenheit.

Dennoch war ich der Überzeugung, daß die Härte der Strafe – es war das erste und letzte Mal im Leben meiner Kinder, daß sie ihr abendliches Chanukka-Geschenk nicht bekamen – meinen Söhnen die Tragweite ihres Benehmens klarmachen würde.

Ich täuschte mich.

Denn ich vergaß, auf meine Kinder zu hören.

Sie hatten wirkliche Argumente, die sie vorbringen wollten. Seth fühlte sich ungerecht bestraft. Scott fühlte sich ausgeschlossen, denn er bestand darauf, daß Seth mehr Schuld habe als er.

Beide hatten das Gefühl, als sei der ganze Vorfall nur ein weiteres Kapitel in ihrem immer schwelenden Streit zwischen dem älteren und dem jüngeren Bruder und ein Beispiel für die Unfähigkeit ihrer Eltern, auf ihre Individualität und ihre besonderen Bedürfnisse einzugehen.

Natürlich wurden mir diese Einsichten nicht in der Atmosphäre von Feindseligkeit und Ärger zuteil, wie sie an jenem Abend bei uns herrschte. Auch am nächsten oder übernächsten Tag erfuhr ich nichts davon.

Erst nach und nach wurde ich von meinen Kindern zu dieser Einsicht gebracht.

Wie Sie sich vorstellen können, wurde die Chanukkakerze-keine-Geschenke-Geschichte zu einer Familienanekdote, die jahrelang als Beispiel für meine weniger erfolgreichen Bemühungen als Vater herangezogen wurde.

Als Scott und Seth älter und einsichtiger wurden und sich besser ausdrücken konnten, konnten sie mir erzählen, was sie an jenem Tag gefühlt hatten.

Ich hätte nicht nur ihr Benehmen sehen sollen, sondern mir auch die Gründe anhören sollen, die zu diesem Benehmen führten. Dann hätte ich versuchen können, ihren Konflikt auszusöhnen, um ihre und unsere Beziehung wieder harmonisch zu machen.

Aber das tat ich nicht und vergab so eine schöne Gelegenheit, ein guter Vater zu sein und Frieden zu stiften.

Bitte lassen Sie ähnliche Gelegenheiten nicht an sich vorüberziehen. Zuhören, Aussöhnen und Frieden stiften kann man überall und zu jeder Zeit – an Ihrem Arbeitsplatz, mit Ihrem Ehepartner, mit Ihren Freunden und zwischen Ihnen und Ihren Kindern.

TIP NUMMER 36
MEDITIEREN SIE ODER ERLERNEN SIE
EINE ANDERE ENTSPANNUNGSTECHNIK

Die Ureinwohner Amerikas, die Indianer, bemühten sich darum, friedliebende Menschen zu sein.

Anstatt einen Konflikt eskalieren zu lassen, suchten sie wann immer möglich ihre Feinde auf, saßen mit ihnen zusammen und versuchten, die Uneinigkeiten zu klären. Ihre Vereinbarungen besiegelten sie dann durch das gemeinsame Rauchen einer Friedenspfeife.

Wenn Sie meditieren, Yogaübungen oder etwas Ähnliches, das Ihren Geist beruhigt, machen, dann bringen Sie Ihren Kindern bei, wie man sanfte und friedliche Gedanken erlernt.

Und dann können Sie Ihren Kindern zeigen, wie man vermitteln und derjenige sein kann, der Konflikte bereinigt, Streit schlichtet und Menschen in Harmonie und Ruhe vereint. Sanfte und friedvolle Gedanken erzeugen sanfte Worte und friedliche Handlungen.

Indem Sie sozusagen die Friedenspfeife rauchen, zeigen Sie Ihren Kindern, wie auch sie Frieden in ihr Leben bringen können.

Frieden durch Loslassen

Sie können Ihren Kindern zeigen, daß man Frieden stiftet, nicht indem man an Verletzungen oder Kränkungen festhält, sondern indem man losläßt und weitergeht.

Zwei Mönche, die von einer Reise in ihr Kloster zurückkehrten, trafen eine ausnehmend schöne Frau, die hilflos am Ufer eines reißenden Flusses stand.

Ohne ein Wort nahm der ältere Mönch sie auf und trug sie auf seinem Rücken über den Fluß. Auf der anderen Seite setzte er sie sanft nieder. Sie lächelte ihn an, verbeugte sich tief und setzte ihren Weg fort.

Auch die Mönche schritten weiter, aber der jüngere Mönch konnte sich nicht beruhigen. Die nächsten zwei Stunden lang beschimpfte er seinen Kameraden:

»Hast du unsere Regeln vergessen? Wie konntest du es wagen, eine Frau anzurühren? Wie konntest du sie nur hochheben und über den Fluß tragen? Ein solches Betragen ist gänzlich unschicklich für einen Mönch, du hast uns alle ins Gerede gebracht. Was, wenn dich jemand gesehen hätte? Was würden die Leute denken?«

Der ältere Mönch hörte geduldig seine nicht enden wollenden Vorwürfe an. Als sie sich dem Kloster näherten, brach er schließlich sein Schweigen und sagte zu seinem Begleiter: »Bruder, ich habe die Frau am Flußufer zurückgelassen. Trägst du sie immer noch auf deinem Rücken?«

Eine Frau in einem meiner Kurse vermittelte mir kürzlich eine sehr praktische Ausdeutung der Antwort dieses Mönches.

Ich fragte die Teilnehmer des Kurses über jüdische Rituale, warum sie am Freitagabend zur Begrüßung des Sabbats die Kerzen anzündeten.

Eine Schülerin antwortete, daß sie die Kerzen anzünde, weil es die rituellen Gesetze von ihr verlangten.

Eine andere sagte, das Anzünden der Kerzen markiere für sie und ihre Familie den offiziellen Beginn des Sabbats. Eine dritte erklärte, daß sie die Kerzen aus einer Tradition heraus anzünde, denn so folge sie ihrer Mutter und ihrer Großmutter, bei denen sie das schon beobachtet habe.

Die vierte Frau sagte, daß alle diese Dinge auch für sie eine Rolle spielten, daß sie aber noch etwas hinzufügen wolle. Sie sagte: »Ich kann den Sabbat, der ein Tag der Ruhe und des Friedens sein soll, nicht beginnen, wenn ich verletzt oder ärgerlich bin, wenn ich frustriert aus dem Büro gekommen bin, wenn ich wütend auf meine Kinder oder ärgerlich auf meinen Mann bin. Also muß ich jede Woche, wenn ich die Sabbatkerzen anzünde, meinen Ärger loslassen. Das Anzünden der Kerzen heißt, daß ich wenigstens einmal tief Luft hole, den Ärger verfliegen lasse und wieder ganz von neuem beginne.«

Um Frieden bitten, auch in unfriedlicher Zeit

Moderne Technik schickt die Greuel des Krieges direkt auf den Fernsehschirm in Ihrem Wohnzimmer, egal, ob der Schauplatz ein Spielgelände, die Straße oder ein weit entfernter Kampfort ist. Wie oft können Sie und Ihre Kinder ein Blutbad und menschliches Leid sehen, ohne wirklich berührt oder zum Handeln angetrieben zu werden? Die Bilder kommen von überall auf der Welt: Tote und Sterbende, verhungernde Kinder, verwüstete Städte, verlassene Siedlungen. Überall in der Welt hört man Ma-

Tip Nummer 37
Benutzen Sie ein kleines Ritual,
um Alltagssorgen loszulassen

Es gibt einen merkwürdigen jüdischen Brauch, der vom Mittelalter auf uns gekommen ist. Am Abend des Rosh ha-Schana, des jüdischen Neujahrsfestes, versammeln sich die Juden an einem Meer, Fluß oder Bach, um symbolisch ihre Vergehen ins Wasser zu werfen, auf daß sie fortgetrieben würden. Auf diese Weise werden alte Fehler abgeschüttelt und fortgetragen, und das neue Jahr kann mit reinem Gewissen begrüßt werden.

Dabei werden Brotstückchen, kleine Steine oder Asche ins Wasser geworfen, die die Sünden versinnbildlichen sollen. Zeigen Sie Ihren Kindern, wie sie die Verletzungen abschütteln können, die Schmerzen, die sie immer noch quälen, und den Ärger, der sie festhält, indem Sie Ihre eigene kleine Zeremonie des »Fortwerfens« inszenieren. Benutzen Sie Brotstückchen, die Sie in ein fließendes Gewässer werfen, um Ihren Kindern zu zeigen, wie man das loslassen kann, was einen am Tag belastet hat und um die Nachtruhe bringt.

Zeigen Sie Ihren Kindern, wie sie Frieden in ihr Leben und Gelassenheit in ihre Seele bringen können. Zeigen Sie ihnen, daß Festhalten nur noch mehr weh tut, hingegen Loslassen ihren Geist befreit.

Tip Nummer 38
Demonstrieren Sie

*Sie können Ihr Bekenntnis zum Frieden demonstrieren,
indem Sie Ihrer regionalen oder bundesweiten Regierung
zeigen, daß Sie darauf bestehen, in einer Welt des Friedens
leben zu können.*

*Das ist aber keineswegs so naiv, wie es sich anhört.
Regierungen sind vom Volk für das Volk gewählt. Nahezu
jeder Präsident oder jede Ministerin ist die Ehefrau oder
der Ehemann von jemandem, ist Vater oder Mutter.
Sie sind menschliche Wesen mit menschlichen Gefühlen.
Sie verstehen, und sie werden zuhören müssen.*

*Zeigen Sie Ihren Kindern, daß Sie jedes Mittel nutzen, das
Ihnen zur Verfügung steht – demonstrieren, protestieren,
klagen, die Macht der Zeitung und die Macht des Stimm-
zettels –, um denen, die in der Regierung sind, klarzumachen, daß Sie eine Welt des Friedens wollen. Sagen Sie
ihnen, daß Sie nicht hingehen werden, wenn sie Krieg
machen.*

*Zeigen Sie Ihren Kindern, wieviel Ihnen eine friedliche
Welt bedeutet und daß Sie bereit sind, etwas dafür zu
tun. Dann formen Sie eine neue Generation, die sich zum
Frieden bekennt.*

*Denn in Ihrer Sehnsucht nach Frieden werden Ihre Kinder
Frieden finden.*

schinengewehre rattern, die atomare Bedrohung nimmt kein Ende. Die dunklen, verbissenen Gesichter des Krieges jagen über die Erde.

Die ständig wiederholte Chronik der Unmenschlichkeit ist der immerwährende Begleiter Ihrer Kinder – aus Zeitungen herausgeschrien oder zum Abendessen in den Nachrichten serviert.

Aber wenn Afrika, Asien und Lateinamerika zu weit weg sind, um wirklich zu erscheinen, dann müssen Ihre Kinder nicht viel weiter als über ihren Gartenzaun schauen, um Brutalität und Feindseligkeit zu erleben. Die Gewalt gegen Ausländer und Minderheiten, gegen Menschen, die schwach und wehrlos sind, zerstört in unserer unmittelbaren Nachbarschaft Menschenleben und Familien.

Es ist genug! Genug Krieg, genug Gewalt, genug Leiden, genug Schmerz.

Frieden kommt nicht zu denen, die bloß hoffen und warten. Frieden kommt zu den Frauen und Männern, die mit gutem Willen dafür arbeiten, indem sie die Orte besuchen, wo Frieden entsteht. Frieden kommt durch die Frauen und Männer zu uns, die ihn säen, ernähren, pflegen und eine Umwelt schaffen, in der Frieden wachsen kann.

Frieden stiften

Sie können Ihren Kindern zeigen, daß wahrer Frieden aus jedem Menschen kommt, daß er sich auf jeden anderen übertragen läßt, um so in jeden Winkel der Erde zu dringen.

Das sehr bekannte hebräische Wort für Frieden ist »Shalom«. Seine Wurzel bedeutet »ganz« oder »vollkommen«. Frieden kann es nicht geben, wo Verwirrung oder Teilung herrscht, sondern nur dort, wo Ganzheitlichkeit und Einheit ist. Wenn ein Mensch sich ganz fühlt, wenn er eine innere Zufriedenheit und inneren Frieden empfindet, dann hat er weder zu Hause noch bei der Arbeit oder in der Welt Veranlassung, die Konfrontation oder den Kampf zu suchen.

Als der israelische Premierminister Itzhak Rabin und König Hussein von Jordanien nach Washington kamen, um den gegenseitigen Achtungsvertrag, der einen fast fünfzig Jahre währenden Kriegszustand zwischen den beiden Ländern beendete, zu unterzeichnen, erklärte Rabin, warum dieser besondere Moment reif für den Frieden war.

Er erinnerte sich, daß er im israelischen Unabhängigkeitskrieg 1948 als Soldat gegen Jordanien gekämpft hatte. Als Israel 1967 im Sechstagekrieg Jerusalem zurückeroberte, war er der Befehlshaber der Armee. Als Israel und Jordanien im Jom-Kippur-Krieg 1973 einander wieder bekämpften, war er ein Mitglied der Regierung.

Jedesmal, wenn er in den Krieg zog, geschah es mit einer brennenden Leidenschaft, die Existenz und die Sicherheit seines Landes um jeden Preis zu bewahren. Und, so sagte er, er wußte wohl, daß König Hussein auf der anderen Seite der Grenze den Krieg mit derselben leidenschaftlichen Hingabe an seine Nation führte.

Aber nun, so Rabin, seien sowohl er als auch König Hussein alte Männer. Der jugendliche Idealismus, der sie dazu trieb, ihre Differenzen im Krieg auszutragen, habe

Tip Nummer 39
Schalten Sie den Fernseher aus –
noch einmal

*Die Fernsehnachrichten aus der wirklichen Welt sind
bereits traurig und entsetzlich genug.
Ihre Kinder müssen nicht auch noch Hunderte von er-
fundenen Gewaltszenen im Fernsehen ansehen, die jeden
Tag über die Bildschirme flimmern.
Soziologen diskutieren schon seit langem darüber, ob das
Ansehen von Gewalt im Fernsehen auch zu gewalttätigen
Handlungen führt. Wenn ja, dann sollten diese Szenen
sowieso nicht angesehen werden. Aber auch wenn nein, so
erzeugen sie doch zumindest eine passive Haltung, die den
Wert des menschlichen Lebens herabsetzt und die Kostbar-
keit menschlicher Beziehungen verlacht.
Zeigen Sie Ihren Kindern, indem Sie den Fernseher ausschalten, daß sie, auch ohne ständig gewalttätige Bilder
anzuschauen, spannende Dinge erleben können. Zeigen Sie
ihnen, daß Gewalt nicht glorifiziert oder gefeiert werden
darf, und daß sie schon gar nicht für gewöhnlich genommen und als Norm akzeptiert werden kann.
Zeigen Sie Ihren Kindern, indem Sie den Fernseher
ausschalten, daß sie gemeinsam mit Ihnen die Schritte,
so klein sie auch sein mögen, auf dem Weg zu einer
friedlichen Welt gehen können.*

nun der mehr praktischen Erkenntnis Platz gemacht, daß
der Krieg niemals zu etwas geführt habe. Rabin erzählte,
daß er, als er in die Augen seiner kleinen Enkelin schaute, erkannt habe, daß er und sein lebenslanger Feind einen Weg finden müßten, wie ihre beiden Länder in fried-
licher Koexistenz leben könnten.

Länder machen keinen Krieg, er wird angeordnet von
den Menschen, die die Macht im Lande haben.

Und jetzt, da der Frieden in die Herzen der beiden Menschen Itzhak Rabin und König Hussein eingezogen ist,
können auch zwei Völker im Frieden miteinander leben.

Es ist dieser innere Frieden – der Frieden, den Sie und
Ihre Kinder finden und mit dem Sie Ihr Leben erfüllen
können –, der auch Ihrer Umwelt, Ihrem Land, Ihrer Ar-
beitsumgebung, Ihrer Gemeinde, Ihren Freundschaften
und Ihrer Familie Frieden bringen kann.

So wird von dem alten Weisen berichtet, der sagte: »Als
ich jung war, betete ich um die Kraft, die Welt verändern
zu können. In mittleren Jahren erwachte ich eines Morgens und begriff, daß mein Leben halb vorüber war und
ich niemanden verändert hatte. Also betete ich um die
Kraft, diejenigen um mich, meine Freunde und meine
Familie, die es so sehr brauchten, verändern zu können.
Nun bin ich ein alter Mann, meine Tage sind gezählt,
und mein Gebet ist viel bescheidener geworden. Ich
bete: ›O Gott, gib mir die Kraft, wenigstens mich selbst
zu verändern.‹«

Die Teile des Friedens

Jeden Abend, wenn der Mann nach Hause kam, liefen ihm seine Kinder entgegen, sprangen in seine Arme und baten: »Papa, spielst du mit uns? Bitte!«

Und fast jeden Abend spielte dieser Mann mit seinem Sohn und seiner Tochter, teilte mit ihnen Spielzeug, Bücher und Puppen.

Eines Abends war der Vater sehr, sehr müde. Anstatt ins Kinderzimmer zu eilen, setzte er sich in einen bequemen Sessel, breitete seine Zeitung aus und begann zu lesen.

Wie jeden Abend fragten die Kinder: »Papa, spielst du mit uns?«

Aber an diesem Abend sagte der Mann: »O nein, nicht heute. Ich bin so müde, mir fehlt einfach die Kraft, mit euch zu spielen. Das versteht ihr doch, oder?«

Die Kinder verstanden, daß ihr Vater sehr müde war, aber sie wollten trotzdem, daß er mit ihnen spielte. Also fragten sie immer wieder, aber die Antwort des Vaters blieb dieselbe.

Schließlich nahm der Vater eine ganze Seite aus seiner Zeitung, um seine Kinder zu beschäftigen und um ein wenig Ruhe vor den ewigen Fragen zu haben. Auf der Seite war eine Weltkarte abgedruckt.

Er nahm eine Schere und schnitt die Karte in viele kleine

Teile. Dann sagte er zu seinen Kindern: »Hier ist ein Puzzle der Weltkarte. Warum geht ihr nicht in euer Zimmer und versucht, es zusammenzulegen?«

Der Vater nahm an, daß dies die Kinder eine ganze Weile beschäftigen würde, aber sie waren schon nach ein paar Minuten wieder zurück.

Er war erstaunt und fragte: »Habt ihr das Puzzle schon fertig? Wie habt ihr denn das gemacht? Die Weltkarte ist so groß und schwierig, wie habt ihr sie so schnell zusammenbekommen?«

Das kleine Mädchen sagte: »Es war ganz einfach.«

Und ihr Bruder fügte hinzu: »Auf der Rückseite der Weltkarte war das Bild eines Menschen. Wir haben einfach den Menschen wieder zusammengefügt, und so wurde die Welt ganz.«

Eine Frage für die Vier- bis Achtjährigen
Du streitest dich oft mit deinem älteren Bruder oder deiner Schwester. Du findest, daß er/sie dich ärgert, nur weil du jünger und kleiner bist.

Oder: Du streitest dich oft mit deinem jüngeren Bruder oder deiner Schwester. Du findest, daß er/sie dich immer nervt, weil du älter und größer bist.
Was tust du? Was sagst du zu deinem Bruder oder deiner Schwester? Was sagst du deinen Eltern?

Eine Frage für die Neun- bis Zwölfjährigen
Zwei deiner besten Freunde haben einen heftigen und lang andauernden Streit. Jeder versucht, dich zu überzeugen, und beklagt sich bei dir über den anderen. Jeder bittet dich, seine Partei zu ergreifen.
Was tust du? Was sagst du deinen Freunden?

Eine Frage für die Teenager
Ein paar Skinheads im Alter von 15 bis 22 verteilen bei euch auf dem Schulhof Schriften, die die Nazidiktatur verherrlichen und den Mord an den Juden leugnen. Diese Gruppe ist auch angeklagt, einen Brandanschlag auf eine Synagoge verübt zu haben.
Der Leiter eurer Schule und der Chef der örtlichen Poli-

zei bitten dich, an einer Jury teilzunehmen, die aus Jugendlichen und Erwachsenen der Gemeinde bestehen soll, die das richtige Strafmaß für die Skinheads auswählen soll.

Wirst du an der Jury teilnehmen? Warum? Warum nicht? Welche Strafe wirst du für die Skinheads vorschlagen?

Ein Gebet für den Frieden

Friede dem Himmel,
Friede den Wolken,
Friede auf Erden,
Friede im Wasser,
Friede allen Blumen und Bäumen.

Alles ist Friede,
Friede, nur Friede.

Möge dieser Friede, wirklicher Friede
mit uns allen sein.

Friede, Friede, Friede
sei mit uns
und mit allen Lebewesen des Universums.

(Sanskrit-Gesang der Atharva-Veda)

Streben nach persönlicher Reife

Seit über 1500 Jahren lehrt der Talmud, ein Kompendium jüdischer Gesetze und Geschichten, daß es fünf Dinge gibt, die Eltern ihren Kindern mitgeben müssen.
Die ersten vier sind leicht einzusehen:
1. Eltern sollen ihre Kinder zu Gott führen.
2. Eltern sollen ihren Kindern eine Ausbildung zukommen lassen, um ihnen die Möglichkeit zu geben, Wissen zu erwerben und intellektuell zu wachsen.
3. Eltern sollen ihren Kindern ein Handwerk beibringen, um ihnen zu ermöglichen, sich selbst zu versorgen.
4. Eltern müssen einen Ehepartner für ihre Kinder finden. In früheren Zeiten, als die Ehen noch gestiftet wurden, war es die Aufgabe der Eltern, passende Ehepartner für ihre Kinder zu finden.

Mit kleinen Anpassungen an Zeit und Ort können diese vier Leitsätze durchaus auf heutige Elternpflichten übertragen werden.
Aber das fünfte Gebot des Talmuds erscheint uns doch sehr merkwürdig:
5. Eltern müssen ihre Kinder das Schwimmen lehren.

Das Schwimmen?

Warum besteht der Talmud, der noch so viele grundsätzliche und lebenswichtige Regeln bereithält, ausgerechnet darauf, daß Eltern ihre Kinder das Schwimmen lehren sollen?

Die Eltern werden aufgefordert, ihren Kindern das Werkzeug an die Hand zu geben, mit dem sie die Schwierigkeiten des Lebens werden meistern können.

Und um schwimmen zu können, muß man fähig sein, in einer fremden und manchmal feindlichen Umgebung zu überleben.

Außerdem werden die Eltern hier gebeten, sich eine weitere Lektion über Kindererziehung anzueignen. Denn wer seinen Kindern das Schwimmen beibringen will, der muß wissen, wie lange man sein Kind festhalten soll und wann man loslassen muß.

Loslassen

Der Psychologe Haim Ginott lehrt folgendes über Eltern und ihr Verhältnis zu heranwachsenden Kindern: »Wir brauchen es, gebraucht zu werden, und sie brauchen es, uns nicht zu brauchen.«

Nachdem wir ihre schmutzigen Windeln gewechselt und ihre aufgeschlagenen Knie verbunden haben, nachdem wir sie durch alle Krankheiten und Schuljahre begleitet haben, nachdem wir sie in ihren Ängsten getröstet und in ihren Erfolgen bejubelt haben, ihre Tränen abgewischt und ihre Triumphe gefeiert haben, nachdem wir ein ganzes Leben der Liebe und Fürsorge investiert haben, ist es so schwer für uns Eltern, zuzugeben, daß das kleine Mädchen, der kleine Junge jetzt erwachsen ist.

Es fällt uns schwer, die Wahrheit in Khalil Gibrans Worten zu akzeptieren: »Eure Kinder sind nicht eure Kinder. (…) Sie kommen durch euch, aber nicht von euch. Und sind sie auch bei euch, so gehören sie euch doch nicht.« Und jede gute Mutter, jeder gute Vater weiß, daß Erziehung bedeutet, den Kindern sowohl Wurzeln als auch Flügel mitzugeben.

Erinnern wir uns an folgende Geschichte:

Der Meister hatte die Nähe der Stadt erreicht und ließ sich gerade für die Nacht unter einem Baum nieder, als ein Stadtbewohner zu ihm gelaufen kam. »Der Stein«, sagte er, »gib mir den kostbaren Stein.«

»Welchen Stein?« fragte der Meister.

»Vorige Nacht«, berichtete der Städter, »erschien mir ein Prophet im Traum und erzählte mir, daß, wenn ich in der Abenddämmerung in die Umgebung der Stadt ginge, ich einen Meister treffen würde, der mir einen kostbaren Stein geben würde, der mich auf immer reich macht.«

Der Meister schaute in seinen Beutel und zog einen Stein heraus. »Wahrscheinlich meinte er diesen Stein«, sagte er und gab ihn dem Städter. »Ich fand ihn vor ein paar Tagen im Wald. Du kannst ihn gern haben.«

Der Stadtbewohner nahm den Stein und starrte ihn erstaunt an. Es war ein Diamant und wohl der größte der Welt, denn er war so groß wie der Kopf eines Mannes.

Er nahm den Diamanten und ging davon.

Des Nachts warf er sich im Bett hin und her und konnte nicht schlafen.

Gleich in der Morgendämmerung des folgenden Tages kehrte er zu dem Meister zurück. Er weckte ihn aus dem Schlaf und flehte ihn an: »Bitte, bitte. Gib mir den Reichtum, der es dir möglich macht, diesen Diamanten so leichthin wegzugeben.«

Sie können Ihren Kindern ihre ganze Zukunft zum Geschenk machen, wenn Sie sie glücklich und vertrauensvoll gehen lassen.

Was werden die Kinder in ihren Koffer packen?

Als ich klein und die Raumfahrt noch eher Gegenstand von Comics war, überlegte ich mir oft, wen ich mit mir nehmen würde, wenn ich mit einem Raumschiff auf den Mond geschickt würde. Und ich fragte mich, was ich dann wohl in meinen Koffer packen würde, wenn ich nur einen einzigen Koffer mitnehmen dürfte.

Dies war ohne Frage meine kindliche Methode zu lernen, wichtige Entscheidungen zu treffen. Welches waren die wichtigsten Menschen und die wichtigsten Dinge für mich, die ich auf einer langen, weiten Reise bei mir haben wollte?

Von dem Tag an, an dem unsere Kinder geboren werden, müssen wir Eltern uns auf den Tag vorbereiten, an dem unsere Kinder erwachsen sein werden und wir sie gehen lassen müssen. Also können Sie sich vom ersten Tag an fragen: »Welche Werte, welche Tugenden, welche Ideen, welche Ideale, welche Prinzipien, welche Vorlieben möchte ich meinen Kindern mitgeben in der Hoffnung, daß sie sie in ihren Koffer packen werden, wenn sie bereit sind fortzugehen?

Welches Maß an Unabhängigkeit und Reife möchte ich meinen Kindern vermitteln, so daß sie auf sich gestellt als kompetente, verantwortungsvolle, erfolgreiche Erwachsene leben können?

Welches sind die Wurzeln, die ich für sie legen möchte?«

Die Antworten der meisten Eltern auf diese Fragen werden sehr ähnlich sein. Sie sind gegründet auf die allgemeinen Werte, die in diesem Buch vermittelt werden. Einige Antworten werden persönlicher sein, von Hintergrund, Erfahrung und Vorlieben geprägt.

Alle Antworten werden am selben Punkt beginnen: Sie wollen, daß Ihre Kinder ein Ganzes sind. Sie wünschen ihnen die Befriedigung, die in anregender Arbeit und sinnvollem Spiel entsteht, in gegenseitigen Beziehungen der Fürsorge und des Teilens, im Gefühl, zu lieben und geliebt zu werden. Sie möchten, daß Ihre Kinder sich selbst kennenlernen und sich selbst gegenüber ehrlich sind, daß sie ihre Mitte finden, sicher in sich ruhen und sich immer weiter entwickeln.

Sie wollen, daß sie im Kontakt mit ihrer Umwelt leben, durch ihre Integrität und im Rahmen ihrer Möglichkeiten in die Gemeinschaft eingebunden. Sie wollen, daß Ihre Kinder eins sind mit dem Universum. Sie sollen Gelassenheit, Zufriedenheit und inneren Frieden haben. Es soll ihnen gelingen, sich und ihre Welt ins Lot zu bringen, zu verändern und zu verbessern.

Herb Gardner berichtet in seinem Broadway-Schlager »Tausend Clowns« augenzwinkernd über diese Situation:

*Bringen Sie Ihre Kinder so oft wie möglich ins Bett,
solange sie klein sind und es noch zulassen.*

*Wenn es Abend wird und die Nacht kommt, steigen die
liebsten Hoffnungen, die tiefsten Gedanken, die schwierig-
sten Fragen und die schlimmsten Ängste Ihrer Kinder aus
dem Unterbewußtsein auf. Nehmen Sie sich die Zeit, Ihre
Kinder ins Bett zu bringen, und seien Sie da, um zuzuhören. Sie können ihre Geschichten anhören und eigene
erzählen. Sie können ihren Ideen und Vorstellungen Gestalt
verleihen und ihre Gefühle formen. Sie können ihnen Ruhe
und Sicherheit geben und sie mit Ihren Umarmungen und
Küssen Ihrer Zuneigung versichern.*

*Bringen Sie Ihre Kinder abends ins Bett, singen Sie ihnen
etwas vor oder beten Sie gemeinsam mit ihnen. Wiegen Sie
ihre Körper in den Schlaf, und begleiten Sie ihre Seelen in
die bunte Welt der Träume und Imaginationen.*

»Ich möchte ja nur, daß er bei mir bleibt, bis ich sicher
sein kann, daß er nicht zu einer Null wird. Ich will sicher
sein, daß er es merkt, wenn er sich lächerlich macht. Ich
will, daß er ausgeschlafen ist und die Idioten alle gleich
erkennt. Er soll herumbrüllen und einen Streit anfangen
können. Ich möchte, daß er ein bißchen Mut zeigt, bevor
ich ihn gehen lassen kann. Er soll wissen, daß es auf jeden
Fall der Mühe wert ist, der Welt einen kleinen Tritt zu

geben, wenn man die Chance dazu bekommt. Und er soll den kleinen, teuflischen Grund dafür kennen, daß er als Mensch und nicht als Stuhl geboren worden ist.«

Sie können Ihren Kindern Reife vermitteln, wenn Sie sie an Ihren Werten und Ihren Hoffnungen für sie teilhaben lassen.

Eine Aufgabe haben

Sie können Ihren Kindern zeigen, daß es ein Maßstab für Reife ist, sich einer Aufgabe verpflichtet zu fühlen.

Es war einmal ein Mann, der starb und fand sich an einem wundervollen Ort, umgeben von allem Luxus, wieder.

Ein Herr in einem weißen Jackett näherte sich ihm und sagte: »Sie können alles bekommen, was Sie sich wünschen, jedes Essen, jede Unterhaltung, jedes Vergnügen.«

Der Mann war außer sich vor Freude und probierte tagelang alle Angebote des Ortes aus. Er besaß mit einem Mal jeden Luxus, von dem er bisher nur geträumt hatte.

Aber eines Tages begann alles, ihn zu langweilen. Er rief den Diener und sagte: »Ich bin alles leid. Ich brauche etwas zu tun, das mich beschäftigt. Welche Art von Arbeit können Sie mir geben?«

Der Diener schüttelte seinen Kopf und sagte: »Es tut mir leid, mein Herr, aber das ist das einzige, was ich Ihnen nicht geben kann. Es gibt hier keine Arbeit für Sie.«

Der Mann antwortete: »Das ist schlimm. Das ist ja wie in der Hölle.«

Und der Diener erwiderte ruhig: »Was glauben Sie, wo Sie sind?«

Zeigen Sie Ihren Kindern aber zugleich, daß, egal, wie hart sie arbeiten, und egal, wie alt sie werden, sie doch niemals das Kind in sich verlieren dürfen, ihren Sinn für Wunder, für Entdeckungen, für die Lust am Spiel. Zeigen Sie Ihren Kindern, daß es auch ein Maßstab der Reife ist, nicht kindisch, sondern kindlich zu sein.

Man braucht jemanden,
den man liebt

Sie können Ihren Kindern zeigen, daß ein reifer Mensch das Bedürfnis hat, jemanden zu haben, den er liebt.

An einem Abend im Spätherbst schickte eine Mutter ihren fünfjährigen Sohn mit seiner neugeborenen Schwester auf die Terrasse, damit sie die letzten Sonnenstrahlen ausnutzten.

Der kleine Junge war beeindruckt von der großen Verantwortung, mit der ihn seine Mutter betraut hatte. Fürsorglich beobachtete er seine winzige Schwester. Der Hund der Familie, ein wundervolles, flauschiges altes Tier, streckte sich zufrieden aus und schnarchte in der Nähe der Kinder.

Ein Nachbar, der die schöne Szene beobachtete, rief dem kleinen Jungen zu: »Was machst du?«

Ohne Zögern antwortete dieser: »Ich liebe die beiden.«

Henry Stack Sullivan lehrte: »Wenn einem die Zufriedenheit oder die Sicherheit eines anderen Menschen ebenso wichtig wird wie die eigene, dann ist Liebe im Spiel.«

Zeigen Sie Ihren Kindern, daß sie mit der Liebe, die sie

Wenn Sie einen Drachen steigen lassen, ein Spiel spielen,
einen Ball kicken oder die Straße hinunterhüpfen, dann
zeigen Sie Ihren Kindern, daß Spiel, Spaß und Lachen
wichtige, notwendige Bestandteile des Lebens sind, egal,
wie alt man ist oder wo man sich befindet.
Zeigen Sie Ihren Kindern, wie man sich die kindlichen
Tugenden des Staunens, der Freude, der Vorstellungskraft
und der Kreativität bewahrt, indem Sie spielen.
Zeigen Sie Ihren Kindern, wie sie ihr Leben »spielend«
im Gleichgewicht und doch ihre Ziele im Auge behalten
können.

ihrem Geliebten, ihren Kindern, ihren Eltern, ihren Ver-
wandten und ihren Freunden geben, das schönste Ge-
schenk machen: Sie machen sich selbst zum Geschenk.
Der Schriftsteller Saul Bellow drückte es einfacher aus:
»Ein Mensch ist nur so gut wie das, was er liebt.«
Sie können Ihren Kindern versichern, daß sie, indem sie
Liebe schenken, all die Liebe zurückbekommen werden,
die sie brauchen:
Ovid sagte: »Wer geliebt werden will, muß lieben.«

Tip Nummer 42
Tun Sie, was Sie anderen predigen

*Am meisten können Sie Ihre Kinder mit Ihren Überzeu-
gungen und Prinzipien beeindrucken, indem Sie Ihre
Handlungen auch mit Ihren Worten übereinstimmen lassen.
Wenn Sie Ihren Kindern das Rauchen verbieten, sollten
Sie selbst auch nicht rauchen. Wenn Sie Ihren Kindern
Drogen verbieten, dürfen Sie selbst keine Droge nehmen.
Wenn Sie Ihren Kindern verbieten zu trinken, dann
dürfen Sie selbst auch nicht trinken.*

*Wenn Sie Ihren Kindern erzählen, daß bestimmte Ver-
haltensweisen ein Zeichen des Alters und der Reife sind,
dann sollten Sie Ihr Alter und Ihre Reife dazu verwenden,
ihnen Maßhalten, Kontrolle und Vorsicht zu demonstrieren. Wenn Ihre Freunde Alkohol trinken, dann können
Sie der sein, der fährt und dafür sorgt, daß alle sicher
nach Hause kommen.*

*Zeigen Sie Ihren Kindern die Wichtigkeit moralischer
Entscheidungen und die Ernsthaftigkeit Ihrer Vorsätze,
indem Sie Ihre Ideale auch leben. Dann werden sie lernen,
mit Verantwortungsgefühl und Entschiedenheit ihre Werte
zu verteidigen und ihre Versprechen zu halten.*

Man braucht etwas, wofür man eintreten kann

Sie können Ihren Kindern zeigen, daß es ein Zeichen der Reife ist, für Prinzipien einzustehen, ungeachtet der Kosten oder der Gegner, die man haben könnte.

Erst eine Generation ist es her, daß Sit-ins Orte leidenschaftlicher Diskussionen waren. Das ganze Leben – Philosophie, Geschichte, Musik, Kunst, Theater, Sport, Politik, soziale Aktivitäten, Religion, Sex, alles mögliche – waren die Themata, und nichts war tabu. In der Hitze dieser Zusammenkünfte formten junge Frauen und Männer ihre Ideale und ihre Prinzipien.

Heute zögern die meisten der Frauen und Männer dieser Generation, sich in eine Diskussion verwickeln zu lassen, sie haben Scheu, ihre Leidenschaften preiszugeben, sie wollen niemanden herausfordern, wollen nicht widersprechen oder angreifen. Wieder und wieder sagen sie: »Wer weiß denn schon, wer recht hat? Meine Freunde haben doch ein Recht auf ihre eigene Meinung, oder?«

Sie können Ihren Kindern beibringen, daß sie Prinzipien haben können und sie auch brauchen.

Vermitteln Sie ihnen die Worte von Jack Kerouac, dem Chronisten der oben erwähnten Generation, der sagte: »Die einzig wahren Menschen für mich sind die Verrückten. Die verrückt nach Leben sind, verrückt nach Gesprächen, verrückt danach, gerettet zu werden (...) Die, die niemals gähnen oder einen Allgemeinplatz von sich geben, sondern brennen, brennen, brennen, wie diese Feuerwerkskörper, die wie Spinnen am Himmel explodieren.«

Man braucht etwas, auf das man hinwachsen kann

Sie können Ihren Kindern zeigen, daß wir uns immer weiterentwickeln können.

Rabbi Bernard Raskas erinnert sich, daß, als der große alte Rabbi Mordechai Kaplan am Jüdischen Theologischen Seminar Homiletik lehrte, es seine Gewohnheit war, den Lesungstext der Woche am Montag im Seminar auszulegen.

Am Mittwoch mußte dann einer seiner fortgeschrittenen Studenten ihm seine Version desselben biblischen Textes vortragen.

Dr. Kaplan war ein sehr anspruchsvoller und kritischer Lehrer, und seine Studenten fürchteten sich davor, den Text auslegen zu müssen.

Einmal schrieb ein Student im Seminar am Montag wörtlich die Interpretation des Textes mit, um sie dann am Mittwoch genauso vorzutragen.

Als er fertig war, sagte Rabbi Kaplan: »Das war eine fürchterliche Auslegung des Textes.«

»Aber Dr. Kaplan«, protestierte der Student, »das ist genau das, was Sie am Montag über den Text gesagt haben.«

Und Kaplan erwiderte: »Ah ja, junger Mann, aber ich bin ja seither gewachsen.«

Sie können Ihren Kindern vorleben, daß es immer eine Möglichkeit gibt, die eigene Sichtweise und den Horizont zu erweitern.

Eine Frau träumte, daß sie ein neues Geschäft auf dem

Marktplatz betrat und dort, zu ihrem großen Erstaunen, Gott hinter der Verkaufstheke antraf.

»Was verkauft Ihr hier?« fragte sie.

»Alles, was das Herz begehrt«, antwortete Gott.

»Das ist ja wundervoll«, sagte die Frau. »Wenn das so ist, dann hätte ich gern Seelenfrieden, Liebe, Weisheit, Glück und Befreiung von der Angst.« Und fügte dann hinzu: »Nicht nur für mich, sondern für alle Menschen auf der Erde.«

Gott lächelte. »Ich fürchte, meine Liebe, Sie haben mich falsch verstanden«, sagte er. »Wir verkaufen hier keine Früchte, sondern nur Samen.«

Das Leben hält die Grundmaterialien bereit. Ihre Kinder können die Samen einpflanzen, die zu den Früchten ihrer Arbeit und ihres Lebens heranwachsen werden.

Zufrieden sein

Sie können Ihren Kindern zeigen, daß es ein Zeichen für Reife ist, zufrieden sein zu können.

Der alte Weise fragte: »Wer ist reich?«
Die Antwort, die er gab, hatte nichts mit Reichtum oder materiellem Besitz zu tun.
»Wer ist reich? Derjenige, der mit seinem Teil zufrieden ist.«

Ein reicher Geschäftsmann sah mit Entsetzen einen Fischer faul neben seinem Boot liegen und eine Pfeife rauchen.
»Warum bist du nicht draußen zum Fischen?« fragte der Geschäftsmann.
»Weil ich heute genug Fisch gefangen habe«, antwortete der Fischer.
»Und warum fängst du nicht einfach noch etwas mehr?«
»Was sollte ich denn damit tun?«
»Du könntest mehr Geld verdienen«, sagte der Geschäftsmann. »Mit dem zusätzlichen Geld könntest du ein größeres Boot kaufen und noch mehr Fisch fangen und noch mehr Geld verdienen. Mit diesem Geld könntest du zwei Boote besitzen, vielleicht drei. Möglicherweise könntest du sogar eine ganze Flotte von Booten besitzen und so reich werden wie ich.«

»Und was würde ich dann tun?« fragte der Fischer.
»Dann«, antwortete der Geschäftsmann, »könntest du
das Leben so richtig genießen.«
Der Fischer schaute den Geschäftsmann nur spöttisch an
und fragte: »Was glaubst du, was ich gerade tue?«

Sie können Ihren Kindern zeigen, daß es zu einem erfüll-
ten Leben gehört zu arbeiten, daß wir auch einen gewissen Ehrgeiz brauchen, um etwas zu werden und uns zu
entwickeln. Aber Sie müssen ihnen auch deutlich machen, daß es ebenso wichtig ist, einmal dazusitzen und
nichts zu tun, um sich darauf zu besinnen und sich daran

zu freuen, was man schon ist und was man schon erreicht hat.

Ein Bauer stellte auf einem Stück Land neben seinem Haus ein Schild auf, auf dem geschrieben stand: »Dieses Land wird demjenigen gegeben werden, der wirklich zufrieden ist.«

Ein reicher Farmer ritt an dem Schild vorbei und dachte bei sich: »Wenn unser Freund so gern sein Land loswerden möchte, dann werde ich Anspruch darauf erheben, bevor es jemand anders tut. Ich bin bereits sehr reich und sehr zufrieden mit allem, was ich habe, so daß ich die Bedingungen durchaus erfülle.«

Der Farmer ging zur Tür des Bauern und bat um das Land.

»Sind Sie wirklich zufrieden?« fragte der Bauer.

»Das bin ich«, antwortete der Farmer, »denn ich habe alles, was ich brauche.«

»Mein Freund«, sagte der Bauer, »wenn Sie wirklich zufrieden sind, warum wollen Sie dann das Land?«

Lehren Sie Ihre Kinder die Weisheit des Zen, die sagt: »Indem man stillsitzt und nichts tut, kommt der Frühling, und das Gras wächst von selbst.«

Wann sind wir erwachsen?

Der Wanderprediger kam in eine Stadt, um deren Einwohner zu einem Leben der Güte und der Werte zu bewegen.

Zunächst hörten sie seine Predigten an. Aber nach und

nach gingen sie fort, bis schließlich niemand mehr da war, um dem Prediger zuzuhören.

Eines Tages fragte ihn ein Reisender: »Warum predigen Sie denn immer noch?«

Der Prediger antwortete: »Zunächst hatte ich gehofft, diese Menschen verändern zu können. Wenn ich jetzt immer noch predige, dann nur, damit sie mich nicht verändern.«

In unserem Jahrhundert definierte Ralph Waldo Emerson, was einen reifen Menschen ausmacht, indem er fragte: »Was ist Erfolg? Oft und viel zu lachen, den Respekt intelligenter Menschen und die Liebe der Kinder zu gewinnen, ehrliche Kritik zu hören und den Verrat falscher Freunde auszuhalten, die Schönheit zu lieben, das Beste in anderen zu entdecken, die Welt ein wenig besser zu hinterlassen – sei es durch ein gesundes Kind, einen Garten oder eine soziale Einstellung –, zu wissen, daß wenigstens einer leichter geatmet hat, weil man gelebt hat. Das heißt, erfolgreich zu sein.«

Geben Sie Ihren Kindern nicht nur Wurzeln, sondern auch Flügel, verleihen Sie ihnen die persönliche Reife des Erwachsenen. Tun Sie dies, indem Sie ihnen die Worte einer alten Weisheit nahebringen, die in jedem Jahrhundert zur Wahrheit wurde: »An einem Ort, wo es keine Menschen gibt, strebe danach, Mensch zu sein.«

Der Steinmetz

Es war einmal ein Steinmetz, der jeden Tag in die Berge ging, um Steine zu schlagen. Während er arbeitete, pfiff er und sang, denn obwohl er arm war, hatte er keine Wünsche, die über das hinausgingen, was er besaß. Er war ein glücklicher Mensch.

Eines Tages wurde er zu einer Arbeit an dem Haus eines sehr reichen Mannes gerufen. Als er den großen und schönen Besitz sah, fühlte er zum ersten Mal in seinem Leben eine Sehnsucht. Er sagte: »Wenn ich doch nur reich wäre. Dann müßte ich meinen Lebensunterhalt nicht mit harter Arbeit und Schweiß verdienen.«

Und nun muß man sich vorstellen, wie erstaunt der Mann war, als er eine Stimme hörte, die sagte: »Dein Wunsch ist erfüllt. Von jetzt an bekommst du alles, was du wünschst.«

Der Steinmetz wußte nicht, was er davon zu halten hatte, bis er am Abend nach Hause kam und anstelle seiner kleinen Hütte ein Haus vorfand, das ebenso groß und schön war wie das des reichen Mannes.

Also gab der Steinmetz das Schlagen von Steinen auf und begann, das Leben der Reichen zu leben.

Eines Nachmittags, an einem sehr heißen Tag, sah er den König und alle seine Adligen an seinem Fenster vorbeiziehen. Er dachte bei sich: »Ich wünschte, ich wäre selbst ein König, dann könnte ich in der bequemen und kühlen Kutsche sitzen.«

Kaum hatte er den Wunsch zu Ende gedacht, da fand er sich auch schon in einer kühlen, komfortablen Kutsche wieder.

Aber der Tag wurde immer heißer, und in der Kutsche wurde es wärmer, als der Steinmetz es sich vorgestellt hatte.

Er schaute aus dem Fenster und bestaunte die Kraft der Sonne, deren Hitze sogar die dicken Wände der Kutsche durchdringen konnte. Er sagte zu sich: »Ich wünschte, ich wäre die Sonne.«

Wieder wurde sein Wunsch erfüllt, und er war die Sonne, die Wellen der Hitze über das ganze Universum aussandte.

Eine Zeitlang ging alles gut. Dann versuchte der Steinmetz, der nun die Sonne war, an einem regnerischen Tag eine dichte Wolkenbank zu durchdringen. Aber er schaffte es nicht. Also wünschte er sich, eine Wolke zu sein, und schon war er eine Wolke und froh darüber, die Kraft der Sonne abhalten zu können.

Aber schon bald fühlte sich die Wolke, die ja eigentlich der Steinmetz war, von einer großen Kraft getrieben. Er begriff, daß dies der Wind sein müsse, und sagte: »Ich wünschte, ich könnte der Wind sein.« Und im nächsten Moment war er der Wind.

Aber es dauerte nicht lange, bis der Wind gegen etwas anblies, das sogar seine große Kraft nicht bewegen konnte. Es war ein großer aufgetürmter Stein, hoch auf dem Gipfel eines Berges.

»Das ist es! Ich möchte ein großer, dicker Stein sein«, sagte der Steinmetz, der ja nun der Wind war. Und einen Moment später schon war er der Stein, mächtiger als alles andere auf der Erde.

Aber als er da in seiner steinigen Herrlichkeit lag, hörte er den Klang von Hammer und Meißel, die auf hartes Gestein schlugen. »Was könnte größer sein als ich, der mächtigste Stein der Erde?« fragte er sich selbst.

Also schaute er hinab, und tief drunten sah er einen Steinmetz, der Steinplatten von seinem Fuß schlug.

Und der Steinmetz, der jetzt ja der große, mächtige Stein war, sagte: »Was? Solch eine kleine Gestalt ist mächtiger als ein so großer Stein wie ich? Ich möchte ein Mensch sein!«

Und kaum daß er es zu Ende gedacht hatte, war der Steinmetz wieder ein Mensch.

Und heute kann man ihn jeden Tag sehen, wie er den Berg besteigt, um Steine zu schlagen, und er singt und pfeift dabei.

FRAGEN, DIE SIE MIT IHREN KINDERN
DISKUTIEREN KÖNNEN

Eine Frage für die Vier- bis Achtjährigen
Du hast die Wahl: Entweder du kannst heute ein Eis be-
kommen und dann aber die ganze nächste Woche keines.
Oder du bekommst heute kein Eis, aber dafür die ganze
nächste Woche jeden Tag eines.
Was wählst du? Warum?

Eine Frage für die Neun- bis Zwölfjährigen
Du willst alles tun, was auch deine Freunde machen – in
der Stadt herumhängen, abends lange aufbleiben oder
sehr teure Markenturnschuhe kaufen.
Deine Eltern sagen, du seist »zu jung« für alle diese Dinge.
Wie überzeugst du deine Eltern davon, daß dir einige
dieser Dinge erlaubt werden sollten, ohne daß du ihnen
nur erklärst, daß »alle es tun«? Was tust du, wenn sie immer noch nein sagen?

Eine Frage für die Teenager
Deine Eltern wollen, daß du auf die Universität gehst,
seit Jahren träumen sie davon und haben darauf gespart.
Du empfindest die Uni als eine Zeitverschwendung und
willst am liebsten auf eine Berufsschule gehen, die dich
auf eine Karriere vorbereitet, die dich wirklich interessiert.

Oder:

Du möchtest gern auf die Universität gehen, um dort Kunstgeschichte zu studieren, ein Fach, das dich wirklich interessiert. Deine Eltern, die dich finanziell unterstützen werden, bestehen darauf, daß du ein »praktisches« Fach belegst wie Jura oder Medizin, so daß du nach deinem Examen einen gutbezahlten Beruf ausüben kannst. Wie erklärst du deinen Eltern, was du mit deinem Leben vorhast? Wie bringst du sie dazu, ihre Träume für dich zugunsten deiner eigenen Träume aufzugeben? Wie überzeugst du sie, daß du die richtigen Entscheidungen für deine Zukunft triffst?

Die Fähigkeit,
an etwas zu glauben

*Als ich auf der Universität war, belegte ich ein Philosophie-
seminar mit dem Titel »Philosophen über die Ethik«.
Der Professor bemühte die Texte von mehr als einem Dut-
zend Philosophen, um zu definieren, was »gut« sei.
Jeder der Philosophen hielt eine andere Antwort bereit,
andere Definitionen oder andere Beweise für seine Thesen.
Die Theorien und Behauptungen eines jeden Autors wurden von einem anderen zurückgewiesen. In der Mitte des
Semesters waren meine Kommilitonen und ich völlig verwirrt und einer sinnvollen Definition von »gut« keineswegs nähergekommen.
Eines Tages kündigte der Professor an, daß er uns nach
der langen Suche nun die Antwort präsentieren würde. Er
würde die letztgültige philosophische Definition von »gut«
erstellen, und zwar am Freitagnachmittag in einer Woche.
Wir begriffen sogleich, daß das angekündigte Datum die
letzte Stunde vor den Ferien war und daß die angekündigte Lösung des Problems die Methode des Seminarleiters
war, uns davon abzuhalten, den Unterricht ausfallen zu
lassen und früher in die Ferien zu entschwinden. Aber wir
ließen uns von ihm ködern, denn die Antwort war uns
wichtig.
Schließlich würde das die wohlverdiente Belohnung für die*

harte und nervtötende Arbeit eines halben Semesters sein.

Außerdem hatte jeder von uns das Gefühl, endlich Bescheid zu wissen, wenn er die Lösung dieses verwirrenden philosophischen Rätsels kennen würde.

Der Tag kam. Wir saßen angespannt da, die Hefte geöffnet und die Stifte gespitzt, als der Professor den Raum betrat. »Meine Damen und Herren«, sagte er, »heute erfahren wir die Antwort.«

Mit diesen Worten drehte er sich zur Tafel und schrieb: »Gut ist …«

Wir warteten.

»Gut ist … gut.«

Er drehte sich wieder zu uns, legte die Kreide nieder und sagte: »Ich wünsche Ihnen schöne Ferien.« Und damit verließ er den Raum.

Es erhob sich ein wütendes Gemurmel. Wir waren ausgetrickst worden, er hatte mit uns gespielt, er hatte uns benutzt, mißbraucht.

Und das Schlimmste: Wir hatten immer noch keine Antwort auf die Frage bekommen, was »gut« ist. Und dafür zahlten unsere Eltern Steuern? Sollte das eine akademische Ausbildung sein?

Wir gingen, betrogen um den zusätzlichen Ferientag, den wir gehabt hätten, wenn wir dieses dumme Seminar nicht mehr besucht hätten, und ohne den Sinn des Ganzen zu sehen.

Erst Jahre später wurde mir klar, daß der Professor nicht nur ein kreativer Pädagoge war, sondern daß er auch philosophisch und intellektuell ehrlich war.

Es war unmöglich, eine Definition von »gut« zu geben, die auf einer philosophischen Debatte gegründet war, denn die

*Philosophie kennt keine solche ultimative Definition, die
objektiv bestehen kann, ohne von den subjektiven Faktoren
Raum, Zeit, Ort, Situation, Persönlichkeit, Macht oder
Charisma beeinflußt zu sein. Was für mich gut ist, kann
für Sie schlecht sein. Was für mich richtig ist, kann für
Sie falsch sein.*

*In der Philosophie kann es keine andere Definition von
»gut« geben außer dieser: »Gut ist gut.«*

Aber Sie sind nicht nur Philosophen und Theoretiker. Sie sind menschliche Wesen, Eltern, Großeltern, Tanten, Onkel, Babysitter, Lehrer, Ratgeber, Trainer oder andere, die Kinder aufziehen und leiten. Sie wünschen sich einen einfachen, aber doch korrekten Weg, für sich und für Ihre Kinder zu wissen, was gut und was richtig ist. Sie möchten Kinder großziehen, die ein sicheres ethisches Gespür haben, die den Unterschied zwischen richtig und falsch kennen, die die richtige moralische Entscheidung fällen. Sie wünschen sich Kinder, die ein Gewissen haben.

Die Forschung hat herausgefunden, daß sich das Gewissen, das ja während der ganzen Kindheit und Jugend immer wieder erprobt und vervollkommnet wird, bereits sehr früh zu entwickeln beginnt. Dieselben Experten sagen auch, daß es nicht nur die großen moralischen Dilemmata sind, die das Gewissen formen helfen, zumal solche schwerwiegenden, das Leben verändernden Situationen nur selten eintreffen. Vielmehr wird durch Tausende von kleinen, alltäglichen Entscheidungen ein Moralkodex geformt und bestimmt.

Und vor allen Dingen sagen die Wissenschaftler – und das werden Sie wahrscheinlich selbst schon wissen –, daß das erste und wichtigste Vorbild Ihrer Kinder für ethisches Verhalten Sie selbst sind. Ihre Kinder werden ihre Definitionen für gut und böse, für richtig und falsch, also ihr Gewissen, nach dem formen, was sie Ihnen ablauschen und abschauen. Sie beobachten, wie Sie selbst Ihre Werte beachten, Tag für Tag, Stunde für Stunde.

Also, was wollen Sie Ihren Kindern beibringen? Was ist

gut? Was ist richtig? Was ist falsch? Welchen moralischen Richtlinien, welchen Verhaltensregeln sollen Ihre Kinder folgen? Wo liegt die Quelle Ihrer Moral und Ethik?

Was ist »gut«?

Es steht Ihnen die ganze Bandbreite der philosophischen Wahlmöglichkeiten zur Verfügung, um Ihre eigene Definition von »gut« zu treffen.

Manch einer wird »gut« von der Vernunft her definieren: Dieses Verhalten macht einen logischen, rationalen Sinn. Andere werden die Erklärung im Gefühl suchen: Dieses Verhalten gibt mir ein gutes Gefühl. Wieder andere werden »gut« aus sozialen Normen heraus interpretieren: Der Konsens unserer Gesellschaft heißt dieses Verhalten gut. Vielleicht wird jemand ganz nach seiner Intuition verfahren: Dieses Verhalten scheint meinem Gefühl nach gut zu sein. Oder man nimmt eine universale Ethik zu Hilfe: Jeder geht davon aus, daß sein Verhalten gut ist.

Jedes dieser Systeme hat positive Aspekte, aber jedes hat auch schlechte Seiten. Vernunft, Gefühl und Intuition können das Empfinden für das ultimative Gute vermissen lassen und uns in Versuchung bringen, das Böse wegrationalisieren zu wollen. Soziale Normen können mißbraucht werden – die Naziherrschaft in Deutschland ist ein Beispiel dafür.

Alle diese Definitionen von »gut« sind abhängig von besonderen Situationen oder Personen – die Philosophie nennt dies »moralischen Relativismus« oder »situative Ethik«.

So mag mancher geneigt sein, sich von einer populären, aber mißverstandenen Vorstellung, was »gut« ist, leiten zu lassen.

Von klein auf bekommen Kinder von ihren Eltern zu hören, daß sie »gute« Jungen und Mädchen sein sollen. Benimm dich anständig. Geh rechtzeitig ins Bett. Streite dich nicht mit deiner Schwester. Schlage deinen Bruder nicht. Sei höflich. Bringe gute Zensuren aus der Schule. Bringe zu Ende, was du anfängst. Spiele, um zu gewinnen. Schieße ein Tor, sei Erster im Ziel. Sei die Beste beim Vorspielen. Suche dir gute Freunde. Gehe auf eine gute Universität. Mache einen guten Abschluß, damit du einen guten Job bekommst. Verdiene gut. Suche dir eine gute Frau, einen guten Mann. Wohne in einer guten Umgebung. Fahre ein gutes Auto. Trage gute Kleidung. Habe gute kleine Kinder, denen du beibringst, gut zu sein, und die den ganzen Kreislauf wieder von vorn beginnen werden.

Aber »gut« wird nicht durch Besitz oder Erfolg definiert. Alle Leistungen, aller materielle Erfolg vermögen nur zu besagen, daß es einem gutgeht, aber nicht, daß man gut ist.

Die Quelle suchen

Auf der Suche nach der Definition von »gut« und dem Ursprung des Gewissens finden viele zur Literatur der großen spirituellen Traditionen der Welt. Dort ist die Geschichte des menschlichen Strebens noch dauerhafte Wahrheiten festgehalten.

Der bekannte amerikanische Autor und Talkmaster Den-

Tip Nummer 45
Lesen Sie die Grundlagentexte
der Weltreligionen

Heilige Texte spiegeln die Geschichte einer Gemeinschaft wider, die die Beziehung zu ihrem Gott sucht, und ihren Versuch, die Lehren ihres Gottes zu verstehen und sie zu leben.

Verinnerlichen Sie gemeinsam mit Ihren Kindern Ihre eigene reiche Geschichte und Ihr Erbe, indem Sie sich von den heiligen Texten Ihrer eigenen Religion oder Ihrer ethnischen Tradition leiten lassen.

Lesen Sie auch die Texte anderer Traditionen, denn dann werden Sie feststellen, daß uns als Menschen zwar vieles trennt, daß wir als Kinder des Universums aber doch auch miteinander verbunden sind und daß das Göttliche überall auf wertvolle und schöne Art gesucht wird.

»Die ganze Welt«, so lehrt der Weise, »ist eine schmale Brücke. Das Wichtigste ist, keine Angst zu haben.« Lesen Sie diese Texte gemeinsam mit Ihren Kindern, um den Weg zu finden, die Brücke zu überschreiten, dorthin, wo der Geist des Guten wohnt.

nis Prager stellte einmal eine bedeutsame Frage: Wenn Sie spät in der Nacht draußen auf einer dunklen Straße auf zehn kräftige, düster aussehende Männer treffen würden, wären Sie dann nicht auch erleichtert zu erfahren, daß diese gerade von einer Bibelstunde kommen?

Zehn kräftige Männer? In einer dunklen Straße? Spät in der Nacht?

Ich hätte Angst. Aber sofort würde ich erleichtert sein, denn ich würde davon ausgehen, daß diese Männer mir nichts antun wollen, wenn ich wüßte, daß sie die Lehren der Bibel lernen und – hoffentlich – auch leben.

Das Problem ist jedoch, daß manchmal, zu oft, die große Weisheitsliteratur der Welt von eben den Menschen, die für sich in Anspruch nehmen, ihre größten Kenner zu sein, mißbraucht worden ist.

Anstatt ihren eigentlichen Zielen zu dienen – ein inspirierender, bestärkender spiritueller Leitfaden zu Güte, Gerechtigkeit und Moral zu sein –, werden diese Schriften als Waffe gebraucht, das Leben der Menschen zu kontrollieren und ihre Schuldgefühle zu verstärken.

Dennoch kann man viel aus dem Studium der gesammelten Weisheiten vieler Jahrhunderte lernen, wenn man sie respektvoll, aber nicht fanatisch betrachtet.

Der Ursprung des Gewissens

Ein Farmer, dessen Getreide schlecht gediehen war, entschloß sich, einige Bündel Weizen von einer benachbarten Farm zu »leihen«.

In einer dunklen und ruhigen Nacht begaben sich der Farmer und sein achtjähriger Sohn zu einer entfernten Ecke des nachbarlichen Feldes. Sie hatten große Körbe bei sich, die sie mit »geliehenem« Weizen füllen wollten. Als sie den Zaun erreichten, der die beiden Felder voneinander trennte, schaute der Farmer gründlich und vorsichtig nach rechts und links, nach vorn und nach hinten. Gerade als er über den Zaun steigen wollte, hinter dem das von Weizen übervolle Feld des Nachbarn wartete, durchbrach der Junge die angespannte Stille.

»Vater«, sagte er, »du hast vergessen, nach oben zu schauen.«

Der kleine Junge wußte, was sein Vater vergessen hatte. Es gibt einen Ursprung und eine Kraft, die höher und größer ist als alles auf der Erde, auch größer als alle Kraft oder Fähigkeit, die Menschen innewohnt.

Für viele, fast für alle Menschen, liegt der Ursprung des Gewissens, der Ort, von dem aus es geformt wird und arbeitet, der Ort, wo Richtig und Falsch entschieden werden, in der Welt des Geistes, dem Bereich des höchsten Selbst.

Für viele Menschen ist der Ursprung des Gewissens, der höchste Richter über Richtig und Falsch Gott – in welcher Form man Ihn/Sie/Es auch denken will.

Dieser Gott, der den Menschen und das Universum geschaffen hat, vergab auch das ethische Siegel und den moralischen Maßstab, nach dem die Menschheit leben soll.

Gott suchen

Es war einmal ein kleiner Fisch, der schwamm zu seiner Mutter und fragte sie: »Mami, was ist dieses Wasser, von dem ich so viel höre?«

Seine Mutter antwortete: »Du dummer kleiner Fisch. Wasser ist um dich herum und in dir und schenkt dir Leben. Wenn du wissen willst, was Wasser ist, dann schwimm an die Oberfläche des Teiches und bleib eine Weile oben. Dann wirst du schon herausfinden, was Wasser ist.«

Und es war einmal ein kleiner Bär, der tapste zu seiner Mutter und fragte: »Mami, was ist diese Luft, von der man mir so viel erzählt?«

Seine Mutter sagte: »Du dummer kleiner Bär. Luft ist um dich herum und in dir und schenkt dir Leben. Wenn du wissen willst, was Luft ist, dann stecke deinen Kopf in den Bach. Dann wirst du schon herausfinden, was Luft ist.«

Und es war einmal ein Junge, der gerade seine spirituelle Suche begann, der kam zu seinen Eltern und fragte: »Mutter, Vater, was ist dieser Gott, von dem ich so viel höre?«

Wenn Sie und Ihre Kinder Gott als den Ursprung Ihres Gewissens ansehen wollen, dann können Sie Ihn suchen.

Ein kleines Mädchen spielte einmal Verstecken mit seinen Freundinnen. Es versteckte sich in einer dunklen, abgelegenen Ecke, wohl wissend, daß es ihren Spielkameradinnen sehr schwer fallen würde, sie zu finden.

Nach einer langen Zeit des Wartens verließ sie ihr Versteck, aber ihre Freundinnen waren nirgends zu sehen. Sie waren des Suchens müde geworden und nach Hause gegangen.

Das kleine Mädchen begann zu weinen und lief zu seiner Mutter.

Als diese hörte, was geschehen war, wischte sie ihrer Tochter die Tränen ab und sagte: »Du mußt nicht weinen, vielleicht kannst du aus dieser Enttäuschung etwas lernen. Das ganze Leben ist wie ein Versteckspiel zwischen Gott und uns. Nur ist es Gott, der weint. Er sagt: ›Ich warte darauf, gefunden zu werden, aber niemand kommt, mich zu suchen.‹«

Ein Meister wurde einmal gefragt: »Wo ist Gott?« Er antwortete: »Gott ist überall, überall, wohin du Ihn läßt.«

Gott finden

Als Gott den Menschen seine Gebote, die Regeln für menschliches Verhalten, übergeben wollte, wandte er sich zunächst – so die Sage – an den König eines großen Volkes.
»Ich habe einige Gebote, die ich dir und deinen Leuten geben möchte«, sagte Gott.
»Nenn mir eines der Gebote«, bat der König.
»Du sollst nicht stehlen«, sagte Gott.
»Oh, das tut mir leid«, antwortete der König. »Ich würde Deine Gebote ja gern annehmen, aber ich kann sie nicht akzeptieren. Weißt Du, die Existenz meines Landes hängt zum großen Teil davon ab, wieviel wir den Völkern und Stämmen um uns herum stehlen können.«
Also wandte sich Gott an die Königin eines anderen Volkes. »Ich habe einige Gebote, die ich dir und deinen Leuten geben möchte«, sagte Gott.
»Nenn mir eines der Gebote«, bat die Königin.
»Du sollst nicht töten«, sagte Gott.
»Oh, das tut mir leid«, erwiderte die Königin. »Ich würde

Wenn Sie und Ihre Kinder beten, dann können Sie mit Gott sprechen und gut zuhören, wenn Gott zu Ihnen spricht. Danken Sie Gott für die Segnungen, die Ihnen zuteil wurden: Leben und Gesundheit, den Ort, an dem Sie leben, das Essen, die Kleidung, die Sie tragen, das Glück. Und bitten Sie Gott um die weiteren Segnungen, die Sie hoffen zu erhalten.

Bitten Sie Gott, in Ihrem Leben anwesend zu sein, Ihnen zu helfen und Sie zu schützen, Sie zu leiten und Sie mit Weisheit und Einsicht, mit Hoffnung und Stärke, mit Trost und Unterstützung zu erfüllen.

Bitten Sie Gott, Sie an das Ziel und die Aufgabe Ihres Lebens heranzuführen. Bitten Sie darum, daß Gottes Wort immer zu Ihnen sprechen wird.

Wenn Sie mit Ihren Kindern beten, dann können Sie den Ruf Gottes an Sie zu einem Leben in Güte und Gerechtigkeit vernehmen.

Deine Gebote ja gern annehmen, aber ich kann sie nicht akzeptieren. Weißt Du, die Existenz meines Landes hängt zum großen Teil davon ab, wie viele unserer Feinde wir töten können.«

Also wandte sich Gott an das Oberhaupt eines weiteren Volkes und sagte: »Ich habe einige Gebote, die ich dir und deinen Leuten geben möchte.«

Dieser Mann wollte keines der Gebote anhören, statt dessen fragte er: »Wer bist Du?«

Und Gott antwortete: »Ich bin Gott der Herr, der dich und deine Welt geschaffen hat, der die Flut zu Noahs Zeit befohlen hat und der die Kinder Israels aus der Sklaverei in Ägypten in die Freiheit der Wüste geführt hat.«

Und der Mann fragte: »Warum willst Du uns Deine Gebote geben?«

Gott erwiderte: »Weil ich euer Gott bin und ihr meine Kinder seid. Diese Gebote zeigen euch, meine Kinder, wie ich will, daß ihr euch verhaltet. Ihr sollt den Unterschied zwischen Richtig und Falsch kennen, ihr sollt die Wahrheit sagen und ehrlich sein, ihr sollt einander mit Liebe und Mitgefühl behandeln.«

Und das Oberhaupt des Volkes sprach: »Wir werden Deine Gebote annehmen und uns bemühen, ihnen zu folgen und sie zu verstehen.«

Dieser Mann wußte: Das Wort Gottes kann nur dann bei uns einziehen, wenn wir bereit sind, es zu empfangen.

Es war einmal ein weiser und gelehrter Mann, der sich auf die Suche nach dem Sinn des Lebens machte.

Nach einigen Jahren und vielen Meilen kam er an die Hütte einer heiligen Eremitin und bat, erleuchtet zu werden. Die heilige Frau lud ihn in ihre karge Wohnstatt ein und bot ihm Tee an.

Sie füllte die Tasse des Mannes und goß und goß, so daß der Tee über den Rand der Tasse hinausfloß und schon bald auf den Fußboden rann.

Tip Nummer 47
Ziehen Sie sich hier und da zurück

Gott ist überall, und Sie können, wann immer Sie wollen, zu ihm sprechen. Aber Sie können, auch gemeinsam mit Ihren Kindern, besondere Zeiten und besondere Orte auswählen, um Gott zu suchen und zu finden.

Vielleicht werden Sie Ihre Kirche, Synagoge oder Moschee besuchen, wo Sie in der Stille des heiligen Raumes Ihren Gott finden können.

Vielleicht möchten Sie ans Meer gehen, auf einen Berg steigen, tief in einen Wald gehen oder weit draußen auf einem Feld in der Lebendigkeit der Natur Ihren Gott finden.

Vielleicht wollen Sie sich weit von Ihrer üblichen Umgebung entfernen oder sich einfach in sich selbst zurückziehen, um Ihren Gott im Flüstern zu finden oder gar im Schweigen.

Schaffen Sie Raum für das Göttliche in Ihrem Leben, dann werden Ihre Kinder das gleiche Bedürfnis entwickeln.

Der Besucher beobachtete, wie die heilige Frau den Tee unermüdlich weiter goß, bis er nicht mehr an sich halten konnte. »Hör auf zu gießen, die Tasse ist voll. Es wird nicht mehr Tee hineingehen.«

Und die weise Frau erwiderte: »Du bist ebenso voll wie diese Tasse, voller Ideen, Meinungen und Vorurteile. Wenn du willst, daß ich dir etwas beibringe, dann mußt du erst deine Tasse ausleeren.«

Sie können Ihren Kindern zeigen, daß sie, um ihrem Gewissen folgen zu können, zunächst einen Grund finden müssen, Gutes zu tun.

Manchmal kommt es einem so vor, als ob die Lügner und Betrüger, diejenigen, die wegschauen, die die Wahrheit vertuschen, auch diejenigen seien, die am meisten Erfolg haben. Sie machen den Deal, bekommen die Gehaltserhöhung, genießen Protektion.

Manchmal kommt es einem so vor, daß nicht nur guten Menschen Böses widerfährt, sondern auch bösen Menschen Gutes. Ihre Kinder werden gute, anständige Menschen sehen, die leiden, und sie werden unredliche Menschen sehen, die scheinbar erfolgreich sind. Sie werden sich fragen, warum es offenbar keine Verbindung gibt zwischen dem Verhalten der Menschen und der Belohnung oder der Strafe, die ihnen zuteil wird. Und sie werden erschreckt sein über die scheinbare Zufälligkeit des Universums. Sie werden fragen, was es denn für einen Sinn hat, Gutes zu tun.

Aber dann werden sie – ebenso, wie Sie es schon getan haben – die Vergänglichkeit einer momentanen Belohnung erfahren. Sie werden sich fragen, was denn Reichtum, Besitz und Ruhm, seien sie nun ehrlich oder unehrlich erworben, eigentlich bedeuten.

Sie werden die Stimme von Elisabeth I. hören, die, umgeben von ihrem großen Reichtum, ausrief: »Ich gäbe all meine Besitztümer für ein Stückchen Zeit.« Ihre Kinder werden begreifen, daß auch der größte Ruhm und das größte Vermögen nicht mit ins Grab genommen werden können, wenn einem die Zeit ausgeht.

Also werden Ihre Kinder weiterfragen: Was habe ich davon, Gutes zu tun und mein Leben der Ehrlichkeit und Aufrichtigkeit, der Fairneß, der Gerechtigkeit, dem Mitgefühl und dem Teilen, dem Leben anderer zu verschreiben?
Ihre Kinder werden lernen, daß sie sich einfach besser fühlen, wenn sie Gutes tun. Daß sie sich dabei zufrieden fühlen werden.

Sie können Ihren Kindern zeigen, daß sie, um ihrem Gewissen zu folgen, ein Bekenntnis, eine Überzeugung brauchen.
In unserer Zeit der raschen Befriedigung tun viele Menschen nur so lange Gutes, wie es ihnen ein gutes Gefühl verschafft, und dann nicht mehr. Sie helfen freiwillig, solange die Aufgabe ihren eigenen Plänen nicht zuwiderläuft und sich nichts Besseres findet. Sie widmen sich einem Fall eine Weile, bis dieser nicht mehr so populär ist wie zu Anfang. Sie werfen Beziehungen, Freundschaften, Ehen und Verbindungen fort, wenn diese zu anstrengend oder unbequem werden.
Sie können Ihren Kindern zeigen, daß sie nicht damit zufrieden sein sollen, sich heute freiwillig für etwas zu melden, da es auch morgen noch viel Arbeit geben wird. Es kann ihnen nicht genügen, heute die Wahrheit zu sagen, denn sie werden morgen immer noch auf dem Prüfstand stehen. Sie können nicht damit zufrieden sein, heute hungrigen Menschen etwas zu essen zu geben, denn es wird auch morgen Hungerleidende geben.

Zeigen Sie Ihren Kindern, daß sie, um ihrem Gewissen zu folgen, Mut brauchen.

Tip Nummer 48
Zählen Sie auf, wofür Sie im Leben
dankbar sind

Abgesehen von vielen Herausforderungen und Enttäu-
schungen, abgesehen von schmerzhaften Ereignissen ist
Ihr Leben und das Ihrer Kinder reich an schönen Dingen
und Erfahrungen.
Helfen Sie Ihren Kindern, ihr Leben zu begrüßen und sich
daran zu freuen.
Nehmen Sie ein Blatt Papier und machen Sie eine Liste.
Dann werden Sie sehen, wieviel Gutes Sie schon erlebt
haben.
Zeigen Sie Ihren Kindern dadurch, daß es Gründe gibt,
dankbar zu sein.

»Sag einfach nein«, rät man seinen Kindern leichthin. Aber
das ist nicht so einfach für sie (und auch nicht für uns).
Es ist nicht leicht, nein zu sagen und auch wirklich nein
zu meinen.
Es ist nicht leicht, ja zu sagen und auch wirklich ja zu
meinen.
Es gibt Versuchungen, es gibt unausgesprochene Erwartungen, und es gibt Druck, Streß und schlechten Einfluß.
Es fällt schwer, in einer Gesellschaft, die nur das Glück-
lichsein zelebriert, auch ohne Hoffnung auf Erfolg oder
Belohnung Gutes zu tun. Es geht jedoch darum, Gutes zu
tun, auch wenn andere nur das tun, was populär ist, was
modern ist, was einfach ist.

»Große Ideen und schöne Prinzipien leben nicht von Generation zu Generation weiter, weil sie gut sind oder weil sie sorgfältig erwogen wurden. Ideale und Prinzipien leben nur weiter, wenn sie in die Herzen der heranwachsenden Kinder eingepflanzt werden«, sagt George Benson.

In diesem Gedanken hat auch eine alte Legende ihren Ursprung, die sagt, daß im Augenblick der Zeugung eines Kindes immer drei gegenwärtig sind: die Mutter, der Vater und Gott. Indem man einer kostbaren Seele zur irdischen Existenz verhilft, entsteht eine Partnerschaft zwischen Gott und den Eltern. Gott spendet den Ursprung des Lebens und verleiht dann sein Gebot, wie das Leben gelebt werden sollte.

Die Eltern sind die Fürsorger und die Diener dieser Seele, die ihr Kind leiten.

Das hebräische Wort für »Eltern« hat denselben Ursprung wie das Wort für »Lehrer«. Eltern sind die ersten und die wichtigsten Lehrer für ihr Kind.

Deshalb lehrt auch der Psychologe Bruno Bettelheim: »Kinder brauchen vor allem Eltern, deren Verhalten sinnvoll ist, die nach einem gewissen Wertesystem leben und nach deren Vorbild sie ihre eigene Persönlichkeit formen können.«

John Costello fügt hinzu: »Wenn ein Kind unsere Werte verinnerlichen soll, dann muß es diese Werte kennen. Sie müssen ihm in Worten und Taten vorgelebt werden.«

Die Technik unserer Zeit macht es möglich, Kindern eine Frage zu stellen, die ihnen einen Maßstab zur Einschätzung ihres eigenen Verhaltens anbietet:

Was wäre, wenn alle Handlungen und Worte von heute von einer Videokamera aufgenommen würden und dieses Band morgen in den Abendnachrichten abgespielt würde? Wärst du dann stolz und aufgeregt oder peinlich berührt und verärgert?

Der jahrhundertealten Vorstellung des allwissenden, alles sehenden Gottes ist eine neue – wirkliche und unmittelbare – Dimension verliehen worden.

Das Zentrum der Dinge

Ein junger Mann kam einmal in die Lehre bei einem Hufschmied.

Der Schmied war ein guter Lehrer und zeigte dem jungen Mann alles, was er über die Arbeit eines Hufschmieds wußte – wie man den Blasebalg benutzt, um das Feuer zu schüren, wie man die Zangen gebraucht, um die heißen Metalle aus dem Feuer zu holen, wie man den Hammer und den Nagel verwendet, um das Hufeisen zu formen, wie man sanft mit den Pferden spricht und wie man das Eisen unter den Huf des Pferdes nagelt.

Nach einigen Jahren sorgfältiger Ausbildung sagte der Hufschmied zu seinem Lehrling: »Ich habe dir nun alles beigebracht, was ich über die Arbeit des Hufschmieds weiß. Du bist nun selbst ein guter und talentierter Schmied. Es ist Zeit, daß du mich verläßt und deine eigene Hufschmiede eröffnest.«

Tip Nummer 49
Schreiben Sie ein ethisches Testament

Sicher werden Sie, unabhängig davon, wieviel Sie besitzen, ein Testament schreiben und Ihre Besitztümer und Ersparnisse Ihren Kindern hinterlassen.

Sie haben aber noch etwas viel Größeres und Wertvolleres, das Sie Ihren Kindern vermachen können. Vererben Sie ihnen Ihren ethischen und spirituellen Reichtum.

Erzählen Sie Ihren Kindern von einem größeren Sein, und lassen Sie sie an den Ideen, den Idealen, den Werten, den Menschen, den Beziehungen und dem Glauben, die Ihnen wichtig sind, teilhaben.

Natürlich wollen Sie Ihre Kinder nicht drängen oder mit übertriebenen Erwartungen und Schuldgefühlen zurücklassen. Berichten Sie ihnen einfach von Ihren kostbarsten inneren Gefühlen und Überzeugungen.

Bedienen Sie sich zur Aufzeichnung Ihres ethischen Testamentes ruhig moderner Technik. Wenn Sie Tonband oder Video verwenden, dann haben Ihre Kinder nicht nur Ihr Testament, sondern Ihre Stimme oder Ihr Bild dazu.

Hinterlassen Sie ein ethisches Testament, damit Ihre Werte in Ihren Kindern weiterleben und Ihre Kinder Ihr größtes Geschenk bewahren können.

Der junge Mann folgte dem Rat seines Lehrers und zog in die nächste Stadt, um eine Schmiede zu eröffnen.

Einige Monate später reiste der Schmied in die Stadt, um zu sehen, wie sein ehemaliger Lehrling sich machte.

Er kam zu einer schönen Schmiede, wo er den jungen Hufschmied inmitten des feinsten Werkzeugs fand.

Aber der Ofen war kalt, der Blasebalg schwieg, und Hammer und Zangen lagen unbenutzt da, kein Pferd war zu sehen.

Der Meister sagte zu seinem Schüler: »Was ist los? Ich war sicher, daß du in dieser schönen, neuen Schmiede jede Menge Arbeit haben würdest. Aber du hast keine Kunden, im Stall stehen keine Pferde, und du fertigst nicht einmal ein Hufeisen. War ich dir kein guter Lehrer? Habe ich dir nicht gezeigt, wie man ein guter Hufschmied wird?«

Der junge Mann schaute seinen Meister traurig an und sagte: »Meister, Ihr wart mir ein guter Lehrer. Ihr habt mir gezeigt, wie man den Blasebalg und die Zangen, den Hammer und den Amboß gebraucht. Ihr habt mich gelehrt, Hufeisen zu machen und sie den Pferden anzulegen. Nur eines habt Ihr mir nicht gezeigt. Ihr habt mir nie gesagt, wie man das Feuer entzündet.«

Als Eltern sind Sie Lehrer, Mentoren und Meister zugleich. Indem Sie Ihren Kindern zeigen, wie man das Feuer des Gewissens entzündet, bringen Sie ihnen die Worte von John F. Kennedy nahe, der bei seiner Amtseinführung sagte: »Mit einem guten Gewissen als der einzig sicheren Belohnung, mit der Geschichte als letztendlicher Richterin unserer Handlungen wollen wir voranschreiten (...), um Seinen Segen und Seine Hilfe bittend, aber doch wissend, daß hier auf Erden das Werk Gottes unser eigenes sein muß.«

Ein besonderer Schutzengel

Im höchsten Himmel lebt ein Engel namens Lailah, der eine ganz besondere Aufgabe hat.

Der höchste Himmel ist voller Seelen, die nahe bei Gott leben und alle Geheimnisse des Universums erlernen.

Wie wundervoll es dort aber sein mag, so sehnt sich doch jede Seele danach, auf die Erde zu kommen und dort das Abenteuer, das man Leben nennt, zu erfahren.

Wenn ein Kind geboren wird, dann sucht und sucht Lailah im ganzen höchsten Himmel nach der richtigen Seele und hilft ihr, die besten Eltern auf der Erde auszuwählen.

Während der neun Monate, die die Seele im Bauch ihrer Mutter verbringt, wacht Lailah über sie und erinnert sie an alles, was sie im höchsten Himmel gelernt hat – die Weisheiten und Geheimnisse des Universums und die Liebe, die sie so nah bei Gott fühlte.

Seelen können jedoch nicht als Menschen geboren werden und gleichzeitig soviel über das Universum wissen, denn dann wäre das Leben ja nicht solch ein Abenteuer.

Deshalb stupst Lailah das Baby (das bist du!), wenn die Seele, nun in deinem Körper, geboren wird, auf die Oberlippe, so daß ein kleines Grübchen unter der Nase entsteht.

Mit dieser sanften Berührung vergißt du alles, was du

über die Geheimnisse des Universums wußtest, und behältst nur so viel Wissen zurück, wie du benötigst, um Mensch auf Erden zu sein.

Manchmal hörst du vielleicht einen Klang oder siehst etwas blitzen, und du meinst, dich zu erinnern – das könnte eines der Geheimnisse sein, die du einmal kanntest, aber jetzt vergessen hast.

Manchmal stellen dir kluge Leute, deine Eltern oder deine Geschwister die richtigen Fragen, und dann bist du vielleicht, aber nur vielleicht, imstande, dich an ein Geheimnis zu erinnern und ihnen davon zu erzählen.

Und manchmal hast du vielleicht, obwohl dein Leben schön ist, in einem verborgenen Winkel deines Herzens das Gefühl, daß dir etwas fehlt. Wahrscheinlich hat jeder Mensch das schon einmal gefühlt und den höchsten Himmel und die Nähe Gottes vermißt.

Ein Teil des Abenteuers, das man Leben nennt, besteht also darin, herauszufinden, wie man sich hier auf der Erde so nah bei Gott fühlen kann, wie man es als Seele im höchsten Himmel tat.

Lailah, der Engel, weiß das. Deshalb ist er als Wächter deiner Seele immer da und beschützt dich am Tag und in der Nacht. Er hilft dir, dich Gott nahe zu fühlen und glücklich zu sein, wenn du die Geheimnisse wiederentdeckst.

Wenn du dich an einige Geheimnisse erinnerst, dann könntest du sie jetzt erzählen.

Eine Frage für die Vier- bis Achtjährigen
Deine Großeltern sind zu Besuch. Sie haben dir erzählt,
daß es am Ende ihres Besuches »ganz besondere Geschenke« für jeden geben wird, der ein »guter Junge«
und ein »gutes Mädchen« war.
Was heißt es, ein »guter Junge« oder ein »gutes Mädchen« zu sein? Was glaubst du, was deine Großeltern dar-
unter verstehen?

Eine Frage für die Neun- bis Zwölfjährigen
Du fühlst dich Gott nahe, vor allem seit deine Eltern dir
erzählt haben, daß Gott überall ist. Aber deine Eltern be-
stehen darauf, daß du sie in die Kirche, Synagoge oder
Moschee begleitest, um dort zu Gott zu beten.
Du findest den Gottesdienst langweilig und siehst viele
Leute dort miteinander reden, anstatt zu beten. Aber du
weißt, daß deine Eltern gern dorthin gehen, daß es ihnen
etwas bedeutet.
Wie machst du deinen Eltern deine Gefühle deutlich?
Wie bringst du deine Eltern dazu, deine Art von Glauben
zu respektieren?

Eine Frage für die Teenager
Deine Schule ist von einem Unglücksfall heimgesucht
worden. Ein sehr begabter und beliebter älterer Schüler

ist bei einem Autounfall ums Leben gekommen. Viele deiner Freunde kehren in ihrem Schock und ihrer Trauer zu ihrem Glauben an Gott zurück, um dort Trost zu finden. Andere Freunde sagen: »Mir reicht's. Ich habe genug von Gott. Wie kann es ein liebender, fürsorglicher, guter Gott sein, der so etwas geschehen läßt?«

Was, glaubst du, ist die Rolle Gottes in diesem Unglücksfall? Wie beeinflußt die Tragödie deinen Glauben? Was sagst du zu deinen Freunden beider Parteien?

Ein Gebet

Gott sei mit uns,
wie Du mit unseren Vorfahren warst.

Öffne unsere Herzen,
damit wir mit Deiner Zunge reden
und Deine Gebote und Lehren befolgen.

Laß uns Dich lieben
und Dir mit ganzem Herzen dienen,
heute und immerdar.

Amen.

(Nach dem Gebet Salomos)

Ein Extratip

*Was Sie tun und sagen, prägt sich in die Seelen Ihrer
Kinder ein, als ob es auf einem endlos laufenden Tonband
festgehalten würde.*

*Gemeinsam mit Ihren Kindern richten Sie jeden Tag und
jede Stunde Ihr »Erinnerungskonto« ein.*

*»Zahlen« Sie schöne und positive Erinnerungen »ein«,
auf die Ihre Kinder später bauen können.*

*Ihr »Erinnerungskonto« wird ein unbezahlbares Geschenk
für Ihre Kinder sein, die größte Investition in ihre Zukunft.*

*Das Erinnerungskonto, das Sie für Ihre Kinder anlegen,
wird sie jederzeit begleiten. Es ist ihre Geschichte und ihre
Zukunft. Es ist das Erbe und das Ziel Ihrer Kinder.*

Zahlen Sie klug und regelmäßig ein.

Die Mönche

Hoch in den Bergen gab es einmal ein Kloster, das früher in der ganzen Welt bekannt war. Seine Mönche waren fromm, und seine Schüler waren begeisterte Schüler. Die Gesänge aus dem Kloster berührten die Herzen der Menschen, die dorthin zum Beten kamen, tief.

Aber irgend etwas war anders geworden. Immer weniger Novizen kamen zum Studium dorthin, immer weniger Menschen suchten ihre geistige Nahrung dort. Die verbliebenen Mönche wurden traurig und deprimiert.

In größter Sorge machte sich der Vorsteher des Klosters auf, um eine Lösung des Problems zu suchen. Warum war sein Kloster in so schwierige Zeiten geraten?

Der Mönch kam zu einem Guru und fragte den Meister: »Ist es vielleicht irgendeine Sünde, die unser Kloster seines Lebensnervs beraubt hat?«

»Ja«, antwortete der Meister, »die Sünde der Unwissenheit.«

»Die Sünde der Unwissenheit?« fragte der Klostervorsteher. »Welches Wissen fehlt uns?«

Der Guru schaute den Mönch lange an und sagte dann: »Einer von euch ist der Messias, aber niemand hat es je bemerkt.« Dann schloß der Guru seine Augen und schwieg.

»Der Messias?« überlegte der Mönch. »Der Messias einer von uns? Wer könnte das sein? Der Bruder Glöckner? Der Bruder Koch? Der Bruder Gärtner? Wer ist es nur? Jeder von uns hat Fehler, menschliche Unzulänglichkeiten. Muß der Messias perfekt sein? Aber vielleicht sind diese Fehler eben ein Teil seiner Verkleidung? Wer ist es nur?«

Als der Mönch ins Kloster zurückkehrte, versammelte er alle anderen Mönche und erzählte ihnen, was der Guru gesagt hatte.

»Einer von uns? Der Messias? Unmöglich!«

Aber der Meister hatte gesprochen, und er irrte sich nie.

»Einer von uns? Der Messias? Unglaublich! Wer ist es wohl? Der Bruder dort drüben? Dieser? Jener?«

Wer immer auch von den Mönchen der Messias war, er trug eine gute Verkleidung.

Da sie nun nicht wußten, wer es war, begannen die Mönche, einander mit äußerstem Respekt zu behandeln.

»Man kann nie wissen«, dachten sie, »dieser mag es sein, deshalb behandle ich ihn lieber freundlich.«

Es dauerte nicht lang, und das Kloster war von neuer Freude erfüllt. Bald kamen neue Novizen, und die Menschen kamen von nah und fern, um sich von den Gesängen der Mönche inspirieren zu lassen.

Das Kloster war wieder vom Geist der Liebe erfüllt.

Ein Gedicht, das Sie mit Ihren Kindern lernen können

Wenn du immer in der Person,
die neben dir sitzt,
den Messias vermutest,
der auf etwas Menschlichkeit hofft,

dann wirst du lernen, deine Worte abzuwägen
und deine Hände zu beobachten.

Und wenn er sich entscheidet,
sich nicht in deiner Zeit
zu zeigen,

dann wird das keine Rolle spielen.

(Rabbinisches Sprichwort)

Ein Gebet für die Welt

Laß mich Liebe bringen, wo Haß ist.
Laß mich Heilung bringen, wo Schmerz ist.
Laß mich Licht bringen, wo die Finsternis regiert.
Laß mich Hoffnung bringen, wo Verzweiflung
herrscht.
Laß mich Harmonie bringen, wo Streit ist.
Laß mich Frieden bringen, wo Krieg ist.

Mache die Welt besser, und beginne bei mir.

(Nach Franziskus von Assisi)

Danksagung

Ich danke von Herzen:

Meinen Eltern, Hyman und Roberta Dosick, und meinen Schwiegereltern, Clarence und Anna Kaufman, deren Ausstrahlung und Güte immer beeinflussend und inspirierend auf mich gewirkt haben.

Meinen Söhnen Scott und Seth für die Freude und das Privileg, ihr Vater sein zu dürfen.

Meinen Kollegen und Freunden – kluge Ratgeber, Lehrer und spirituelle Vorbilder –, deren professionelles und persönliches Wissen in großem Maße zu den Ideen und der Darstellung dieses Buches beigetragen haben:
Michele Blumberg, Dr. Steven R. Helfgot, Rev. James J. O'Leary, S.J., Rabbi David M. Posner, Rabbi Jack Riemer, Sharon Kaplan Roszia, Alan Rubin, Patricia S. Rubin, Dr. Virginia Shabatay und Dr. Yehuda Shabatay. Und unserer Cousine Estrelle Strizhak, die bei der Geburt der »Tips« als »Hebamme« fungierte.

Meiner engagierten Agentin Sandra Dijkstra, die nie den Glauben verliert, und den netten Leuten von Harper San Francisco, deren Verlag die Welt des Geistes ehrt. Besonderen Dank schulde ich meiner hervorragenden Lektorin Candace Hawkinson, deren sprachliche Fähigkeiten nur noch von ihrer literarischen Sensibilität und ihrer Hingabe an eine Welt der Gerechtigkeit und der Güte übertroffen werden.

Und, vor allen, meiner Frau Ellen, meiner geliebten Partnerin, Begleiterin, Heilerin und Ideenspenderin.

Anmerkungen

Die Geschichten, die in diesem Buch erzählt werden – im Verlauf der Kapitel wie am Ende jedes Kapitels – sind Teil einer großen mündlichen Erzähltradition, in der diese Geschichten von Generation zu Generation weitergegeben werden. Viele dieser Geschichten habe ich schon in frühester Kindheit gehört, und seit über dreißig Jahren erzähle ich sie wieder und wieder. Manche davon sind Teil verschiedener ethnischer und religiöser Traditionen – angepaßt an das Gedankengut der jeweiligen Tradition. Alle haben das gleiche Ziel: von universellen Werten zu erzählen. Viele Geschichten aus der mündlichen Erzähltradition sind gesammelt und – oft in verschiedenen Varianten – in Büchern publiziert worden. Mein Dank gilt diesen Büchern, die mündliche Traditionen festschreiben und aufbewahren.

Die eingestreuten Zitate in diesem Buch sind Allgemeingut, sind aber auch in verschiedenen Büchern nachzulesen. Mein Dank gilt den Autoren und Herausgebern dieser Bücher dafür, daß sie diese Weisheiten festhielten.
Die Gebete in diesem Buch stammen aus verschiedenen Quellen und sind in ihrem Wortlaut alle von mir adaptiert worden.

Quellenverzeichnis

Aus folgenden Texten wurde zitiert:
Fromm, Erich – Die Kunst des Liebens. Ullstein Verlag;
Berlin, 1980, S. 57/58.
Gibran, Khalil – Der Prophet. Walter Verlag; Olten/Freiburg, 1977.

In jenen Fällen, in denen es nicht möglich war, den Rechtsinhaber resp. Rechtsnachfolger zu eruieren, konnte ausnahmsweise keine Nachdruckerlaubnis eingeholt werden. Honoraransprüche der Autoren oder ihrer Erben bleiben gewahrt.

Eine Sammlung von Weisheitsgeschichten und weiterführende Literatur finden sich bei:

Feldman, Christina und Kornfield, Jack – Das strahlende Herz der erwachten Liebe. Weisheitsgeschichten aus aller Welt. Arbor Verlag; Freiamt, 1994.
Miller, Ronald – Handbuch der neuen Spiritualität. Eine zusammenfassende Darstellung aller Strömungen des neuen Bewußtseins. O. W. Barth/Scherz; Bern-München, 1994.

Beziehungskisten

(84080)

(77105)

(73059)

(84044)

(77141)

(84031)

Schwangerschaft und Geburt

(82103)

(82181)

(82018)

(7445)

(73047)

(82093)

Gesamtverzeichnis
bei Knaur, 81664 München